퇴근 후 10분
블로그로 월급만큼 벌기

blog **퇴근 후 10분**

블로그로
월급만큼
벌기

전인옥 지음

책들의정원

하루 10분이면 경제적 자유가 시작된다

제가 블로그를 시작한 것은 바로 '단돈 100만 원' 때문이었습니다. 지금의 남편을 만나기 전, 두 아이를 혼자 키우며 박봉인 어린이집 교사 월급으로는 생활비도 빠듯했습니다. 평일에는 어린이집 교사로, 주말에는 남의 집안일을 해 주며 쉴 새 없이 일했지만 생활은 나아지지 않았지요. 그런 저의 고달픈 삶에 선물처럼 만난 지금의 남편은 저와 두 아이를 누구보다 많이 아껴 주었습니다.

행복한 나날을 보내던 저는 새로운 근심에 휩싸였습니다. 매일 한 시간 넘게 출퇴근하는 남편을 보며 혹시 낡은 차 때문에 위험하지 않을까 노심초사했던 겁니다. 아침마다 '출근 잘했다'는 메시지를 확인해야 마음이 놓이곤 했습니다. 그러던 어느 날 문득 가슴에 불 같은 게 지펴졌습니다.

남편에게 새 차를 사 줘야겠다.

지금 수입으로는 어림도 없고, 부업으로 100만 원 정도 벌 수 있는 일이 없을까? 저는 고민에 빠졌습니다.

N잡러가 당연하게 여겨지는 요즘에 직장인도 쉽게 할 수 있다는 부업거리를 찾으며 온라인 강의를 들었습니다. 강의와 관련된 정보를 블로그나 유튜브에서 검색해 보니 다양한 정보가 가득했습니다. 듣는 대로 일일

이 실행해 봤지요. 짠테크 앱을 깔고, 유튜브를 개설해 동영상을 올려 봤습니다. 인스타그램에 피드를 열심히 올리며 공구를 해 보고, 스마트스토어에 상품도 올려 봤습니다. 그러나 다 마음대로 되지 않더군요. 하지만 깨달은 게 하나 있었습니다.

돈을 벌기 위해서는 뭐든 꾸준히 해야 한다는 것이지요. 그러나 스스로 흥미를 느끼지 못하면 꾸준히 할 수 없었고 수익화도 머나 먼 얘기였습니다. 유튜브나 인스타그램은 사진이나 동영상을 보여 줘야 하는데, 저는 사진도 잘 못 찍고 영상편집도 서툴렀습니다. 그런 것에 소질이 없으니 꾸준히 할 수 없었지요. 공구나 스마트스토어에서는 무언가를 팔아야 하는데 '잘못된 물건이면 어쩌지?' 하는 불안감에 이 또한 한두 번 해 보고는 포기하고 말았습니다.

그러다 시작한 것이 블로그였습니다. 아들이 개설해 놓은 텅 빈 네이버 블로그라는 곳에 처음 글을 써 봤습니다. 블로그에 쓴 글을 '포스팅'이라고 부른다는 것도 처음 알게 됐지요. 물론 글을 쓰는 건 쉽지 않았어요. 그러나 100만 원을 벌어야 한다는 목표가 있었기에 매일 포스팅을 하기 시작했습니다. 일기처럼 그날그날 한 일을 써서 올리면 되고, 사진도 인스타그램처럼 감각적으로 찍지 않아도 됐습니다. 처음에는 제 이야기를 많은 사람들이 보는 공간에 올리는 게 어색했지만, 오히려 관심을 받으니 재미있게 느껴졌습니다. 그러다 보니 그동안 해 본 다른 콘텐츠와 달리 꾸준히 글을 올리게 됐어요. 물론 글을 처음 쓸 때는 세 시간이 넘게 걸려 '이것도 적성에 안 맞나 보다' 하고 생각한 적도 있습니다. 그러나 쉽게 블로그에 글 쓰는 방법을 알려 주는 강의를 듣고, 블로그 방문자들에게 설명해 주듯 제가 간 맛집, 써 본 화장품, 읽은 책 정보를 일기 쓰듯 쉽게 주제를 나눠 써 봤습니다. 새로운 글을 써서 올리는 데 하루에 한 시간도 걸리지 않았습니다. 곧 방문자 수가 늘어나 협찬이 들어오기 시작했지요.

수익화하기 위해서는 방문자 수가 중요하다는 것을 깨닫고, 방문자 수를 늘리기 위해 더 많은 정보를 알아봤습니다. 유튜브와 책, 강의 등 블로그와 관련된 정보를 찾아다니며 그대로 따라 하니 25명이던 방문자 수가 한 달 만에 5,000명으로 늘었습니다. 방문자 수가 늘어나니 글을 쓰는 게 더욱 재미있어졌습니다. 그 후 석 달 만에 월 방문자 수가 35,000명을 넘기 시작했습니다. 협업과 협찬, 원고작가 문의가 빗발쳤습니다. 블로그로 협찬받은 것을 인스타그램에 '#먹스타그램협찬'이라는 해시태그를 넣어 올리자 인친들이 강의를 요청하기 시작했습니다.

그렇게 저는 2021년 6월부터 본격적으로 블로그에 1일 1 포스팅을 시작해 1년 만에 2,000만 원의 수익을 냈습니다. 2021년 9월에 계약한 남편의 신차가 10개월 후인 2022년 6월에 출고됐는데, 그때 블로그로 모은 돈을 보탤 수 있게 됐습니다. 남편과 새 차를 몰고 대전 시내를 도는데 가슴이 얼마나 벅차던지요.

저는 카테고리 관리를 어떻게 하는지도 모르는 왕초보로 유튜브와 책을 수없이 찾아 가며 지금의 블로그로 키워 왔습니다. 그렇기에 블로그를 처음 개설한 독자들이 무엇을 가장 어려워하는지 누구보다 잘 알고 있습니다. 저 같이 블로그를 해 보고 싶지만 무엇부터 해야 하는지 막막한 독자들을 위해, 카테고리 정리부터 하나하나 쉽게 따라 할 수 있는 안내서를 책으로 냈으면 좋겠다는 생각으로 이 책을 쓰기 시작했습니다. 블로그를 오랫동안 운영했지만 수익이 전혀 없는 사람들에게 수익화를 위한 다양한 방법을 알려 주고, 한 달에 최소 100만 원 버는 방법을 자세히 서술했습니다. 한편 제가 블로그를 시작하면서 겪었던 시행착오를 독자 여러분은 겪지 않게 하고 싶다는 마음으로 책을 완성했습니다. 이 책에서 안내하는 대로 꾸준히 따라 한다면 저와 같은, 또는 더 큰 성과를 얻을 수 있을 겁니다.

갖고 싶은 것이 있다면 돈 쓰지 말고 글 쓰세요. 곧 당신의 것이 될 겁니다.

-2024년 2월

조은쌤 전인옥

CONTENTS

PART 3 : 수익용 블로그는 취미용과 달라야 한다 _ □ X

CONTENTS

PART 1

블로그를 시작
하기에는 늦었다?

유튜브·인스타… 그중 블로그가 제일 쉽다

한 달에 100만 원 벌 수 있는 부업이 있을까? 저에게는 한 달에 100만 원의 부수입이 절실했습니다.

스무 살에 낳은 큰아들이 스무 살이 돼 일자리를 찾아 부산으로 떠나고, 둘째 아이도 더는 자신의 삶을 제게 기대지 않는 어른이 될 무렵이었습니다. 두 아이를 혼자 키우느라 힘들었던 저의 고난에 보상이라도 받듯 지금의 남편을 만났습니다. 남편의 사랑 안에서 소소하지만 큰 행복을 느꼈고, 아이들에게 아빠의 빈자리를 채워 주는 따뜻한 사람이 생겨 고마웠습니다. 그렇게 둘이 합쳐 90살인 풋풋한 신혼부부의 삶을 만끽하며 1주년이 되어 갈 때쯤, 남편의 차가 말썽을 부렸어요. 남편이 '은둥이'라고 불렀던 은색 세단 자동차는 큰 사고를 두 번이나 겪어 시동을 걸면 로켓 소리가 났습니다. 아무리 엑셀을 밟아도 100킬로미터 이상 속도를 내지 못했고, 엔진에서 나는 굉음은 우리에게 "힘들어요!" 하고 외치는 것처럼 들렸지요.

남편은 한 시간 거리에 있는 직장까지 매일 아침저녁으로 불안한 은둥이를 끌고 출퇴근했습니다. 주말이면 보육원에 요리 봉사하러 가며 함께 가는 이들을 태워 주기도 하고 성당에 갈 때 같은 아파트 어르신을 모셔 가곤 했는데, 그때마다 중간에 혹시 차가 퍼지면 어쩌나 하는 걱정이 커져만 갔어요.

"여보, 우리 차 바꾸자. 응? 은둥이가 힘들대. 어르신 모시고 가다가 길에서 차가 퍼지기라도 하면 어떻게 해."

자신에게 검소한 남편을 설득해 새 차를 알아보러 자동차 판매장을 돌아다녔습니다. 전시된 새 차에 앉아 시동도 걸어 보고, 승차감도 맛보고 나니 새 차가 더욱 절실해졌습니다. 그런데 가격이 만만치 않더군요. 연비 좋은 하이브리드 차종을 알아보니 5,000만 원이 넘었습니다. 가격표를 보고는 "헉!" 소리를 내며 카탈로그만 가지고 집으로 발길을 돌렸지요.

남편은 집을 살 때 빌린 대출을 갚느라 여윳돈이 없었어요. 저는 두 아이를 키우며 전남편이 남겨 준 빚을 갚느라 모아 놓은 돈은커녕 빚만 남아 있었습니다. 그 빚을 다 갚고 난 후 남편의 차를 사려니, 그사이 제 가슴이 시커멓게 탈 것 같았습니다. 그리고 그날 보고 온 새 차를 탄 남편의 모습을 상상하니 가슴이 두근거렸지요. 그래서 저는 결심했습니다.

"한 달에 100만 원씩만 더 벌어서 남편에게 차를 사 주자!"

그날부터 저의 부업 찾기 공부가 시작됐습니다. 그 무렵 코로나가 유행하면서 온라인이 더욱 활성화됐습니다. 인스타그램에 가입하며 다양한 사이트를 알게 됐습니다. 사이트마다 유용한 강의가 많아서 제가 찾는 강의를 골라 들을 수 있었지요. 그중 한 달에 100만 원 벌 수 있는 부업을 알려 주는 강의도 있었는데, 부업의 종류가 무척 다양했습니다. 블로그를 비롯해 유튜브, 카페, 인스타그램 공구, 공모전, 영상편집 등 다양한 플랫폼을 통해 돈 버는 방법이 소개돼 있었습니다. 강의는 저를 새로운 세상으로 안내해 주었고, 저는 들은 내용을 하나씩 실천해 봤습니다.

가장 먼저 유튜브를 개설해 영상을 올려 봤습니다. 영상을 꾸준히 올려 운이 좋으면 대박 난다는 말에 콘텐츠를 고민해 볼 새도 없이 저희 부부의 영상을 편집해 올렸습니다. 영상을 찍는 것도 어려웠지만, 편집은 더더욱 어려워 뚝뚝 끊기는 영상을 섬네일도 없이 올렸지요. 두 번째 영상은 더 어색했고 올리기도 힘들었습니다. 아는 이들 몇 명이 구독해 주었을 뿐, 조회 수는 20회에서 멈췄습니다. 다른 영상을 올리려니 엄두가 나지 않았고, 누가 볼까 창피한 생각마저 들었습니다. 한 달에 100만 원 벌기가 어렵기도 하거니와, 설령 벌더라도 한참 걸릴 것 같았습니다. 게다가 유튜버 수는 날로 늘어나 1년에 100만 원 벌기가 쉽지 않다는 기사가 심심찮게 올라왔습니다.

이 길이 아닌가 보다 싶어 다른 일로 눈길을 돌렸습니다. 두 번째 도전해 본 것은 인스타그램 공구였습니다. 공구로 한 달에 300만 원씩 번다는 강의를 듣고, 모임에 들어가 판매 방법을 배운 후 추천해 주는 물건을 올려 공구를 시작했어요. 남편의 먹방을 인스타그램에 릴스로 올리고 팔기 시작한 소불고기는 생각보다 반응이 좋았습니다. 친한 지인들이 사 주거나, 먹방 릴스를 보고 구매하는 사람이 생겨 3일 만에 15만 원의 수익을 올렸습니다. 하지만 그렇게 팔았던 불고기의 양이 적고, 가격 대비 품질이 좋지 않다는 친구의 걱정스런 조언에 더는 진행할 수 없었습니다. 발품을 팔거나 제조사로부터 직접 가져온 물건이 아니면 원가가 높아 싸게 판매할 수 없고, 품질이 좋지 않으면 이미지까지 실추된다는 걸 알게 됐지요. 인스타그램 공구로 100만 원 벌기도 저와 맞지 않아 보였습니다.

그러다 스마트스토어 세상을 알게 됐습니다. 스마트스토어로 석 달 만에 월 200만 원을 벌었다는 사람을 인스타그램을 통해 알게 됐습니다. 그분의 강의를 듣고 사업자등록을 내고 물건을 올려 봤습니다. 상품 하나 올리는 데 세 시간이 걸렸는데도 조회조차 되지 않았습니다. 두 번째 상품을 올리고 검색해 보니 제가 올린 상품은 6번째 페이지에 있었습니다. 방문자 유입이 거의 없으니 말 그대로 개점휴업 상태였어요. 최저가격 경쟁은 직접 물건을 소싱_{조달받는 것}해야 가능한데, 이 또한 부업으로는 어려워 보였습니다. 그렇게 흐지부지 스마트스토어도 포기하게 됐습니다. 그 밖에도 숨고에 내 소개를 올리고 카페를 개설했지만 직장에 다니면서 진행하기에는 여건이 맞지 않았습니다. 남들이 돈이 된다는 것은 다 해 봤지만, 제게는 하나도 돈이 되지 않았습니다.

성공한 사람들의 이야기를 들어 보면 쉽게 월 1,000만 원을 번다는데, 나는 왜 단돈 만 원도 벌지 못하는 걸까? 고민하다가 알게 됐습니다. 무슨 일이든 꾸준히 해야 이웃이나 팔로워, 구독자가 늘어나고 그것이 수익으로 연결된다는 것을요. 그런데 저는 이것저것 시작만 해 놓고 꾸준히 한 것이 없었습니다. 그러니 수익이 생기면 이상한 일이지요. 그 후로 저는 하나에만 집중하기로 하고, 가장 쉽게 오래 할 수 있으며 수익을 빨리 얻을 수 있는 것을 선택했습니다.

유튜브처럼 영상편집을 잘하지 못해도 되는 것, 인스타그램처럼 감각적인 사진을 찍거나 웃긴 영상을 만들지 못해도 되는 것, 스마트스토어나 공구처럼 물건의 품질에 신경 쓰지 않아도 되는 것, 바로 블로그였습니다. 블로그는 네이버에 가입해 개설만 하면 바로 만들 수 있고, 글을 써서 포스팅을 발행하는 것은 그리 어렵지 않았어요.

블로그로 방향을 정하니 집중하기도 쉬웠습니다. 블로그에 관련된 책과 영상, 강의를 닥치는 대로 찾아다녔습니다. 블로그로 돈 버는 방법에 대해 알아본 대로 따라 했고, 여러 가지 시행착오를 거치며 체험단을 신청했습니다. 그러자 한 달 만에 체험으로 100만 원을 넘게 벌었습니다. 비록 현금 100만 원을 번 것은 아니지만, 체험을 통해 생활비가 줄어들고 나가던 돈이 통장에 쌓이기 시작했습니다. 돈이 쌓이자 욕심이 더 났습니다.

방문자 수를 늘리는 방법을 더 공부해 적용하면서 석 달 만에 35,000명이 되자, 이메일과 쪽지로 협업과 협찬 제의가 쏟아져 들어왔습니다. 그때부터 애드포스트 광고 수익으로 한 달에 10만 원이 넘게 들어왔습니다. 원고료를 받는 체험단에 계속 선정돼 포인트만 20만 원 이상 받는 달도 생겼습니다. 체험으로 생활비를 절약한 것과 광고 수익과 원고료 등을 모은 것이 한 달에 150만 원이 넘는 달도 생겼습니다.

제가 꿈꾸던 대로 한 달에 100만 원씩 벌 수 있는 부업이 생긴 겁니다.

그렇게 1년 정도의 시간이 흐르니 통장에 2,000만 원이 모여서 남편의 차를 사는 데 보탰습니다. 신차를 주문한 지 10개월 만에, 남편과 저는 연자를 내고 말 그대로 신차 언박싱을 했습니다. 그 낡은 비닐을 뜯어 낸 뒤, 보송보송하고 기분 좋은 새 차를 타고 호숫가로 드라이브를 떠났습니다. 그때 얼마나 가슴이 벅차던지, 우리 둘은 한참 동안 손을 잡은 채 말이 없었습니다. 지금은 새 자동차지만 앞으로 블로그를 통해 더 많은 것이 우리에게 오리라는 것을 직감했습니다.

블로그는 유행이 지났다는 오해

"나는 글 잘 못 써, 너니까 하지."

지인이 아이를 키우며 할 만한 일을 찾기에 블로그를 한번 해 보라고 추천했더니 돌아온 대답이었습니다. 그녀는 '쓰기'에 대한 부담이 크다고 토로했습니다. 독자 여러분 중에도 쓰는 게 부담인 사람이 적지 않을 겁니다.

하지만 한번 생각해 보세요. 요즘처럼 쓰기를 많이 하는 때가 있을까요? 이미 폭넓게 퍼진 SNS로 인해 우리는 항상 쓰는 사람들입니다. 블로그도 마찬가지입니다. 블로그에서 우리는 뭔가 대단한 학술서를 저술하지 않습니다. 그저 생각을 자유롭게 풀어 놓을 뿐이지요.

저도 1년 전에 블로그를 개설하고 처음 글을 쓸 때는 어떻게 써야 할지 어려웠던 게 사실입니다. 그래서 저는 다른 블로거들의 글을 여러 번 읽어 봤습니다. 한결 같이 평소의 대화체로 무언가를 말하듯 설명해 주고 있었지요. 즉, 블로그 글은 아름답게 창작해 내는 글쓰기가 아니라 말하듯 편하고 쉽게 쓰면 되는 것이었어요. 당신이 잘 알고 있고 누군가에게 알려 주고 싶은 정보, 예를 들어 맛집이나 드라마, 경제 뉴스, 책에 대해 설명해 주듯 쓰면 돼요.

어떤 이는 블로그의 시대는 이미 지나갔고 유튜브의 시대가 왔다고 말합니다. 물론 유튜브의 인기가 높은 것은 사실입니다. 뉴스에도 자주 나오듯 요즘에는 유튜브 사용자가 월등히 많습니다. 유튜브는 열기가 뜨겁기에 너욱 많은 사람이 치열하게 경생해야 합니다. 그러나 블로그는 여전히 정보 검색의 수단으로 사랑받고 있습니다. 며칠 전 당신이 휴대폰으로 검색해 찾은 글도 아마 블로그 글이었을 겁니다.

PC로 가장 많이 접속하는 웹사이트 순서 (자료 : 닐슨미디어)

요즘은 숏폼 형태의 콘텐츠가 인스타그램이나 틱톡에서 유행이라 마케팅 또한 다른 플랫폼으로 많이 옮겨 갔습니다. 그러나 블로그는 여전히 검색창으로, 마케팅용으로 다양하게 사용되고 있습니다. 오히려 이전보다 더 많은 수익화의 길이 열렸어요. 단순히 검색에 이용되던 초록색 창이 블로그 마켓으로, 스마트스토어로, 다양한 제휴 플랫폼으로 연결되며 사업을 확장하는 수단이 된 거지요.

게다가 영상 위주인 유튜브와, 사진과 짧은 동영상 위주인 인스타그램, 틱톡이 다 담아 내지 못하는 글과 사진, 영상을 모두 소화해 내는 플랫폼이 바로 블로그입니다. 여러 플랫폼은 서로 다른 성격으로 각각의 역할을 해내고 있습니다. 비록 검색 비중은 줄었을지 모르지만 활용도는 더욱 커진 것이 바로 블로그입니다.

일간지 〈매일경제〉(2023.01.04)를 보니 '요즘에도 블로그 해? 누가 새로 쓰나 봤더니 1030이 76%'라는 기사에서 다음과 같이 블로그의 성장세를 다루기도 했습니다.

블로그가 유튜브나 인스타그램 등 주요 SNS와는 다른 용도로 활용되기 시작하면서 젊은 세대 이용자가 늘고 있다는 분석이다. 포털업계에 따르면 서비스를 시작한 지 올해로 20년째인 네이버 블로그는 총 3,200만 개가 개설된 상태다. 블로그는 모든 연령대에서 늘어났다. 10~20대 블로거는 17% 증가했다. 30~40대는 10%, 50~60대는 14% 늘었다. 새롭게 블로그를 시작한 이용자 10명 중 8명은 10~30대로 나타났다.

블로거가 급증한 배경으로는 블로그의 성격 변화가 꼽힌다. 업계 내부에서는 이미 포화상태이면서 자극적인 영상이 상단에 노출되는 유튜브 등과 성격이 구분되는 것으로 보고 있다. 콘텐츠 제작, 게시 과정이 편리하고 공들여 제작한 결과물이 손쉽게 노출될 수 있는 등 사용성 면에서 차별화됐다는 해석이다.

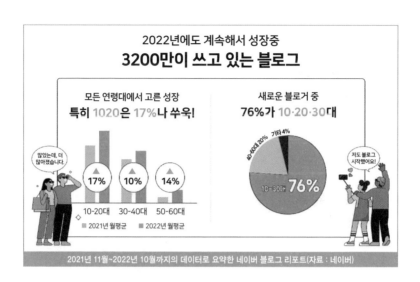

2021년 11월~2022년 10월까지의 데이터로 요약한 네이버 블로그 리포트(자료 : 네이버)

　　2020년 코로나가 우리의 삶을 모두 정지시켰을 때 가장 활발하게 움직인 것이 온라인 플랫폼이었습니다. 특히 기존 사업을 운영하던 사람들은 사업을 온라인으로 옮겨 갔고, 가장 먼저 발 빠르게 준비한 것이 블로그 마케팅과 스마트스토어였습니다. 블로그 마케팅 업체는 더욱 많아졌고, 스마트스토어는 코로나 이후 연평균 증가율이 37%나 급성장했습니다. 스마트스토어나 쇼핑몰을 운영하는 사람들은 상세 페이지에서 다 보여 줄 수 없는 추가 정보를 소비자에게 제공하는 수단으로 블로그를 사용하기 시작했습니다. 사업체 블로그를 운영하며 판매 이후에 들어오는 FAQ라든지, 고객들에게 더 이야기해 주고 싶은 것을 후기로 담을 수 있는 게 블로그이기 때문입니다. 제품에 대한 최대한의 정보를 제공하고, 소비자의 검색을 다시 유도하는 것이 블로그 마케팅인 것입니다.

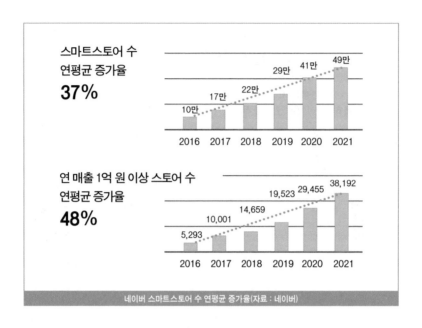

네이버 스마트스토어 수 연평균 증가율(자료 : 네이버)

블로그는 유튜브의 대본이 되기도 하고 인스타그램의 재료가 되기도 합니다. 오늘 당신이 올린 유튜브 영상을 블로그에 기록해 둔다면 브랜딩에 더욱 도움이 될 겁니다. 그렇기에 블로그는 '한번 해 볼까?'가 아닌, 꼭 해야 하는 플랫폼인 것입니다.

　제가 처음 블로그를 시작한 것은 2021년 3월이었습니다. 첫 글은 책을 읽은 뒤 서평을 남기는 것이었습니다. 그러나 서평 세 개를 쓰고 블로그를 잠시 포기했습니다. 글을 너무 잘 쓰려는 욕심에 글 한 개를 발행하는 데 2시간이 넘게 걸렸습니다. 공들인 시간 대비 방문자 수도, 수익도 기대할 수 없었기에 작심삼일 끝에 블로그를 접으려 한 것이지요.

　대부분의 초보자는 이 시기를 견디지 못하고 저처럼 포기하곤 합니다. 글을 쓰는 게 어렵게만 느껴지니까요. 사진만 올리고 간단하게 글 몇 줄만 적어도 되는 인스타그램이 반응도 바로바로 오고 더 좋아 보였습니다.

　그러다 처음 인스타그램으로 협찬을 받으며 체험단의 세상을 알게 됐고, 그곳에서 어마어마한 블로그 마케팅의 세계를 알게 됐습니다. 네이버 검색창에서 '체험단'을 검색하면 셀 수 없이 많은 사이트가 다음과 같이 검색됩니다. 대부분 제품 업체와 블로거를 연결해 주는 체험단 사이트로, 블로그 마케팅 시장은 제가 생각했던 것보다 훨씬 넓었습니다.

네이버에서 검색되는 체험단 업체들

체험단에 선정되면 제품이나 음식 등을 제공 받고 후기를 써 주는데, 인스타그램은 그 영역이 매우 작았어요. 대부분이 블로그 체험단을 원했지요. 인스타그램을 통해 체험단에 재미를 느끼며 블로그를 해야겠다는 생각이 더 커지기 시작했습니다. 그래서 인스타그램에 광고로 올라온 강의를 바로 신청했어요. 강의 제목도 마음에 들었습니다.

'블로그 체험단을 위한 강의.'

오로지 체험단을 많이 해 보고 싶은 마음에 블로그를 시작하게 된 것입니다. 그제야 제대로 된 타이틀도 없던 제 블로그의 블로그명을 바꾸고, 카테고리 설정도 하나씩 바꾸기 시작했습니다. 아기가 막 걸음마를 시작하며 첫걸음을 떼듯 조심스레 하나씩 강의에서 배운 대로 따라 하기 시작했습니다.

저는 함께 강의를 듣는 20여 명의 수강생들보다 몇 배는 더 열심히 했습니다. 1일 1 포스팅은 무조건 했고, 글을 여러 개 발행할수록 수익화가 빨라진다는 강사의 말에 하루에 포스팅을 세 개 올리는 날도 있었습니다.

방문자 수를 늘리기 위해서는 서로이웃과의 소통도 중요합니다. 서로이웃에 추가할 수 있는 인원은 하루에 100명으로 제한돼 있었는데, 매일 100명에게 서로이웃 추가를 신청하며 일주일 만에 일 방문자 수를 200명으로 늘렸습니다. 그 모든 것이 목적이 있었기에 가능한 일이었습니다. '블로그로 100만 원어치 생활비를 아끼면 100만 원을 모을 수 있지 않을까?' 하는 생각이었지요.

쉬지 않고 한 달 동안 포스팅 발행과 서로이웃 추가를 하며 체험단에 신청한 결과, 정말로 한 달 만에 100만 원의 수익을 올리는 경험을 할 수 있었습니다. 내 돈 내고 다니던 미용실을 무료로 갔고, 화장품과 세제, 반찬 등을 무료로 받아 사용했습니다. 일 방문자 수가 석 달 만에 1,000명을 넘으니 제품 외에 원고료도 주는 협찬을 받게 됐습니다. 블로그로 단순히 생활비를 아끼는 것이 아니라 생활비를 벌게 된 겁니다.

기 간	전 체	피이웃	서로이웃	기 타
2022.03 월간	38,627	92	1,057	37,478
2022.02 월간	39,644	44	1,048	38,552
2022.01 월간	41,974	61	1,317	40,596
2021.12 월간	55,490	73	1,073	54,344
2021.11 월간	41,118	49	729	40,340
2021.10 월간	28,103	43	1,164	26,896
2021.09 월간	39,421	42	1,558	37,821
2021.08 월간	25,217	101	3,080	22,036
2021.07 월간	10,351	49	3,212	7,090
2021.06 월간	7,210	101	4,501	2,608
2021.05 월간	28	2	6	20

2021년 블로그 개설 이후 방문자 수 변화

위의 표는 제가 블로그를 본격적으로 시작한 2021년 6월 전후의 방문자 수 변화를 보여 주고 있습니다. 2021년 3월에 썼던 세 개의 글 덕분에 한 달 동안 28명의 방문자가 들어오던 제 블로그에 6월에는 7,210명, 하루 평균 240여 명이 들어왔습니다. 석 달 후인 9월에는 39,421명, 하루 평균 1,300여 명의 방문자가 들어왔습니다. 블로그를 처음 시작한 왕초보가 이렇게 되기까지 걸린 시간은 단 100일이었습니다.

"강사님, 저는 아직 블로그 개설도 안 해 봤어요. 저도 가능할까요?"

지금도 많은 사람들이 블로그를 해 보고 싶지만 시작할 엄두를 못 냅니다. 자칭 '컴맹'이라는 제 지인은 블로그가 뭔지 몰랐지만, 저의 협찬 영상을 보며 자신도 해 보고 싶다고 연락해 왔습니다. 그분은 제 무료 강의를 한 번 듣고는 한 달 만에 체험단에 선정됐습니다. 알려 준 대로 했을 뿐인데, 블로그 세상이 신기하다고 웃으며 선물을 보내 왔습니다.

물론 여러분이 진짜 일기를 블로그에 쓰면 방문자 수는 결코 늘지 않습니다. 그러나 세가 이 책에서 알려 드리는 대로 수제를 잡고, 제목과 본문을 일기처럼 편하게 작성한다면 어렵지 않게 원하는 결과를 얻을 수 있을 겁니다. 그럼, 블로그로 돈 버는 방법과 블로그에 글을 쉽게 쓰는 방법을 하나씩 알아보겠습니다.

왕초보를 위한 블로그 기초

1. 블로그 개설하기

저에게 블로그 강의를 들은 수강생 중 많은 사람이 아직 블로그 개설도 하지 않은 왕초보들이었습니다. 저 역시 처음 블로그에 입문할 때 너무 어려웠어요. 해야 할 필요성은 알지만 막상 초보가 쉽게 시작하기에는 장벽이 있는 것이 블로그이기 때문이지요. 그럼 처음 제가 시작할 때의 어려움을 더듬으며 기초부터 알려 드리겠습니다. 이미 블로그를 개설한 독자라면 곧바로 PART 2로 넘어가도 좋습니다.

먼저 블로그를 개설하기 위해서는 네이버에 가입해서 블로그로 들어가 '블로그 아이디 만들기'를 클릭하면 다음 페이지와 같은 기본화면이 나옵니다.

이전에는 네이버 아이디가 블로그 아이디로 사용되었지만 현재는 블로그 아이디를 따로 설정할 수 있어요. 한번 설정한 아이디는 변경할 수 없으니, 쉽게 기억할 수 있는 자신만의 아이디로 생성해 주세요. 블로그가 생성되면 아래와 같이 블로그 홈에 '내 블로그'와 '글쓰기'가 보입니다.

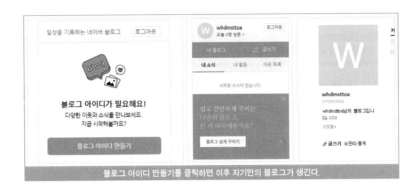

블로그 아이디 만들기를 클릭하면 이후 자기만의 블로그가 생긴다.

내 블로그로 들어가면 쉽게 블로그 꾸미는 방법을 알려 주므로 이를 참고해도 좋습니다. 뒤에서 자세히 설명하겠지만, 프로필 화면의 '관리' 버튼을 클릭해 블로그명과 별명, 주제를 정한 뒤 블로그에 글을 올려 포스팅을 시작하면 글이 검색창에 노출되기 시작합니다. 이제부터 검색창에서 검색만 하던 소비자에서 글을 생산해 내는 블로거가 된 거예요.

2. 이달의 블로그

블로그 왕초보가 가장 먼저 해야 할 일은 자신이 만들고 싶은 블로그의 롤 모델을 찾아 벤치마킹하는 거예요. 그렇다고 아무 블로그나 기웃거리면 시간만 낭비되고 좋은 블로그를 찾기는 어렵겠지요.

네이버에서는 매달 좋은 글을 올리는 '이달의 블로그'를 주제별로 선정해 발표합니다. 이런 블로그들의 타이틀부터 카테고리, 글 제목, 사진, 글 쓰는 방식 등을 참고하면 보다 쉽게 내 블로그를 세팅할 수 있어요. 네이버 블로그 홈에서는 핫토픽이나 이웃의 새 글을 볼 수 있습니다.

'이달의 블로그'는 블로그 홈 옆에 탭으로 보입니다. 네이버 공식 블로그에 들어가도 공지를 확인하고 도움을 받을 수 있습니다.

'이달의 블로그'에서는 벤치마킹할 수 있는 다양한 블로그를 볼 수 있고, 네이버 블로그 공지사항도 확인할 수 있다.

3. 블로그 글쓰기

카테고리나 타이틀 등 블로그 꾸미기는 뒤에서 자세히 다뤄 보기로 하고, 새로 블로그를 개설했다면 먼저 글쓰기 연습을 해 보길 권합니다. 블로그에서 가장 중요한 것은 디자인도, 프로필 사진도, 소개글도 아닌 글의 발행이기 때문이에요. 디자인과 카테고리 등 모든 것을 갖춘 후에 시작하겠다고 생각하지 말고 오늘의 일기라도 써서 발행해 보세요. 우선 글을 쓰는 것, 그것이 블로그 수익화의 시작입니다.

저는 주로 PC로 글을 씁니다. 그 이유는 사진의 크기 조절이나 움직임이 수월하고, 글을 빨리 쓸 수 있기 때문이에요. 여기서는 PC 환경에서의 글쓰기 기능을 알아보겠습니다.

아래는 자신의 블로그에 들어가서 '글쓰기'를 클릭하면 상단에 뜨는 기능들입니다. 각 기능을 순서대로 소개해 보겠습니다.

① 사진 : PC에 있는 사진을 불러올 수 있게 해 주는 기능으로, 클릭하면 컴퓨터 폴더에서 사진을 선택할 수 있어요. 블로그에 올리고 싶은 사진을 클릭하고 '열기'를 누르면, 사진 원본 크기 그대로 블로그에 업로드됩니다. 사진을 클릭해 모서리 부분을 잡고 움직이면 크기를 조절할 수 있으니 보기 좋은 크기로 바꿔 주세요. 여러 장의 사진을 한꺼번에 드래그해 올리면 여러 개의 사진을 한 번에 올릴 수 있어요. 아래와 같이 개별 사진과 콜라주, 슬라이드 방식으로 글에 맞게 수정할 수 있습니다.

② SNS 사진 : 네이버 MYBOX나 페이스북, 인스타그램 등 타 SNS에 업로드한 사진을 불러와 사용할 수 있습니다. 이를 위해서는 자신의 SNS 계정을 연결해야 하고, 사진 사이즈는 20MB 이하의 용량이어야 합니다.

③ 동영상 : PC에 저장된 동영상도 블로그 글에 넣을 수 있습니다. 동영상 파일은 최대 10개, 파일의 용량은 8GB 이하, 420분까지 업로드할 수 있어요.

④ 스티커 : 글 중간중간에 다양한 캐릭터나 글자로 만든 스티커를 넣어 가독성을 높여 줄 수 있습니다. 기본적으로 적용되는 스티커 외에 카트 모양을 클릭하면 글을 쓸 때 유용한 스티커를 구입해 사용할 수 있습니다.

⑤ 인용구 : 뉴스나 책 등에서 글을 인용할 때 주로 사용하는 기능으로, 인용구를 이용하면 글을 구성할 때 목차를 나눌 수 있고 전문적으로 보일 수 있습니다. 5가지 중 글에 따라 선택해 사용하면 됩니다.

⑥ 구분선 : 글을 단락으로 나누거나 정리할 때 사용하는 선으로 종류가 다양합니다.

⑦ 장소 : 네이버 플레이스에 등록된 장소의 지도와 위치를 표시하게 해주는 기능이에요. 맛집이나 여행지 글을 쓸 때 꼭 넣어 줘야 합니다. 플레이스의 블로그 리뷰에 내 글이 등록돼 노출되기 때문이에요.

⑧ 링크 : 지금 쓰고 있는 글과 관련된 내 블로그 글이나 유튜브, 뉴스, 홈페이지 등의 링크를 복사해 글에 넣을 수 있는 기능으로, 이 기능을 통해 추후 제휴 마케팅을 할 수 있고 다른 글로 유입되도록 해 블로그 지수를 높일 수 있습니다. 링크를 삽입할 때 대표 사진을 삭제하면 링크만 보이도록 설정할 수 있습니다.

⑨ 파일 : 네이버 블로그의 가장 큰 장점인 파일 업로드와 다운로드가 가능한 기능이에요. 내 PC에 저장된 파일을 블로그 글에 올려 두어 다른 사람이 다운받을 수 있게 해 줍니다. 파일당 용량은 10MB까지 가능합니다.

⑩ 일정 : 중요 일정을 블로그에 기록하는 기능이에요. 기간이나 장소, 링크 삽입도 가능해 챌린지 일정이나 이벤트 일정 등을 기록할 수 있어요.

⑪ 소스코드 : 바탕에 색깔을 넣어 코딩 입력이나 메뉴 등을 눈에 띄게 해, 가독성 좋은 글쓰기를 가능하게 해 주는 기능이에요.

⑫ 표 : 표를 삽입할 수 있는 기능이에요. '+' 버튼을 클릭하면 셀을 병합하거나 분할, 너비맞춤 등을 할 수 있어요. 다양한 기능을 활용해 깔끔한 표를 작성할 수 있어요.

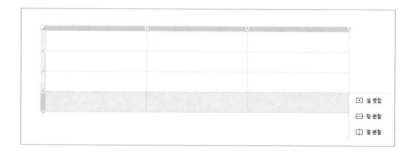

⑬ 수식 : 주로 엑셀이나 수학에 관련된 포스팅을 하는 사람에게 필요한 기능으로, 다양한 수식 입력이 가능합니다.

⑭ 내돈내산 : 네이버 쇼핑이나 네이버 예약을 이용해 물건을 구입하거나 방문한 기록이 있는 경우, 내돈내산 인증을 받을 수 있는 기능이에요.

4. 템플릿 사용

블로그 포스팅을 좀 더 쉽게 하기 위해 템플릿을 이용하기도 합니다. 네이버 블로그는 다양한 무료 템플릿을 제공하고 있어요. 주제에 따라 가독성 있게 꾸며진 다양한 템플릿 중 원하는 것을 골라 사용하면 됩니다.

초보 블로거에게 글을 쉽게 쓸 수 있도록 도와주므로 사용을 권합니다. 부분 템플릿도 글 중간에 삽입할 수 있어서 더욱 풍성하고 세련되게 꾸밀 수 있습니다.

5. 콘텐츠 공유 설정

블로그에 정성스레 쓴 글과 사진을 다른 블로거가 복사해 사용하지 못하도록 설정해 두어야 내 글과 이미지를 보호할 수 있습니다. 관리 페이지에서 '기본설정' 탭의 '콘텐츠 공유 설정'을 클릭해, CCL 설정과 자동출처 사용 설정, 마우스 오른쪽 버튼 금지 등을 설정해 주세요. CCL이란 특정 조건에 따라 저작물에 대한 배포를 허용하는 저작권 라이선스 표시로, 저작물을 제공하는 사람은 저작자, 비영리, 변경금지 등의 저작권 표시를 사용할 수 있습니다. 자동출처 사용 설정은 내 본문 글을 복사해 붙여 넣은 글이 11자 이상일 경우, 글의 출처가 자동으로 남도록 하는 기능이에요. 마우스 오른쪽 버튼 금지 설정을 해 두면 다른 사람이 무단으로 내 이미지를 복사해 저장하는 것을 막을 수 있습니다.

콘텐츠 공유 설정

CCL 설정	⦿ 사용 ○ 사용안함
	ⓘ ⓢ ⊜
	· 원저작자를 표시합니다.
	· 저작물을 영리 목적으로 이용 ○ 허락 ⦿ 허락하지 않음
	· 저작물의 변경 또는 2차 저작 ○ 허락 ⦿ 허락하지 않음 ○ 동일한 조건을 적용하는 경우 허락
	㏄ 내가 생성한 저작물에 대해 위의 조건을 준수하는 경우에 한해 다른 사람이 복제, 배포, 전송, 전시, 공연 및 방송하는 것을 허락 합니다. 선택하신 이용허락 관계의 해석 및 규율은 대한민국의 저작권법을 따릅니다.
	CCL 사용이란? 영리목적의 이용이란? 저작물의 변경, 2차 저작이란?
자동출처 사용 설정	⦿ 사용 ○ 사용안함
	사용 설정 시 내 본문 글을 복사하여 붙여 넣은 글이 11자(21byte)이상일 경우 내 글의 출처 정보가 자동으로 남습니다. 단, 복사하는 사람이 고의적으로 출처를 삭제할 수 있습니다.
마우스 오른쪽 버튼	⦿ 사용 ○ 사용안함

6. 위젯

네이버의 기본 위젯은 시계, 지도, 서재, 방문자 그래프 등으로 블로그 운영에 도움을 주는 기능입니다. 관리 페이지의 '꾸미기 설정' 탭에서 '레이아웃·위젯 설정'을 클릭하면 원하는 위젯이 보이도록 설정할 수 있어요.

블로그를 상거래 목적으로 운영하는 경우, 전자상거래 등에서의 소비자 보호에 관한 법률에 따라 블로그 홈에 사업자 정보를 게재해야 하는데, 이때 사업자 정보 위젯을 사용하면 됩니다. 서평 블로그의 경우, 서재 위젯을 활성화해 자신이 쓴 서평 도서가 프롤로그 화면에 보이도록 하면 좋습니다. 단, 글감에서 책을 선택해 입력했을 경우에만 서재 위젯에 책이 표시됩니다. 그 밖에 여행 블로그의 경우, 지도 위젯으로 여행지를 표시할 수 있습니다. 글 안에 장소를 넣은 경우만 표시되니 참고해 주세요.

PART 2

블로그로 얻을 수 있는 수익 8가지

블로그를 개설하고 가장 쉽게 수익을 얻는 방법은 바로 체험단 활동입니다. 수많은 업체가 자사 상품이나 자신이 운영하는 매장을 홍보하기 위해 블로그 마케팅을 하고 있습니다. 자사 상품을 사용해 보고 후기를 써 줄 소비자를 찾는데, 직접 찾기 힘드니 체험단 업체를 통하는 거지요. 체험단 업체는 후기를 잘 쓰고 방문자 수가 많은 블로거를 선정해 상품을 무료로 제공해 줍니다. 블로거는 이를 직접 먹어 보거나 사용해 보고 진솔한 후기를 정성껏 써 주면 되는 거예요.

체험단이 되기 위해서는 직접 사용해 본 물건이나 방문한 음식점의 후기를 포스팅해 후기를 잘 쓰는 블로거임을 보여 줘야 해요.

그럼 체험단은 어떻게 되는 걸까요? 체험단이나 업체 사이트에서 직접 회원가입을 하고 신청한 다음 최종 선정되면 돼요. 요즘에는 블로그 후기를 보고 구매하는 소비자가 많기에 블로그 체험단을 원하는 자영업자도 많아지고, 그에 따라 체험단 업체도 늘어나고 있습니다. 체험할 수 있는 상품의 범위도 매우 다양해졌습니다.

체험단이 될 때 가장 좋은 점은 매달 지출되는 외식비, 생활용품비, 미용비 등 생활비를 아낄 수 있다는 것입니다. 제가 블로그를 시작하고 가장 먼저 선정된 체험단은 미용실 체험이었습니다. 저는 새치가 많고 머리가 길어 매달 미용실에 방문해 염색을 하고 석 달에 한 번 펌이나 클리닉을 받곤 했습니다. 그런데 체험단이 되어 미용실에 방문하고부터 보통 10만 원이 넘는 생활비를 아끼게 됐어요. 미용실 직원들은 홍보를 위해 매우 친절하게 신경 쓰며 관리를 해 주곤 합니다. 두 번째로 선정된 체험은 바로 맛집이었어요. 동네에 새로 생긴 생선구이 집에 체험단으로 선정돼 예약을 하고 방문했습니다. 사장님의 극진한 대접을 받으며 모듬 생선구이를 맛있게 먹고는 잘 부탁한다는 인사를 듣고 와서 블로그에 후기를 썼어요.

둔산동 미용실 유엘헤어에서 크리닉으로 머리 심폐소생 완료~!

어성초와 맥주효모가 들어있어 두피가 시원해지는 힐텀 탈모샴푸 찐후기

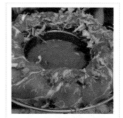
비쥬얼에 반하는 대흥동 샤브샤브 화산샤브 대전은행점에서 데이트 후기

체험단 활동 후에 쓴 미용실, 샴푸, 맛집 등의 후기

이렇게 시작한 체험단 활동은 화장품, 세제, 애견용품, 주방용품, 밀키트 등 종류가 다양해졌습니다. 저는 체험단을 시작한 지 1년이 넘도록 화장품을 거의 사서 쓴 적이 없고, 값비싼 탈모방지 샴푸도 종류별

로 협찬받아 사용하고 있습니다. 이렇게 아낀 생활비를 모으니 한 달에 100만 원이 넘을 때도 있어서 적금을 하기 시작했습니다.

체험단이 되는 방법은 아주 간단합니다. 먼저 직접 산 물건이나 맛집 등의 후기를 블로그에 여러 개 써서 올려놓습니다. 그리고 프롤로그에 후기가 잘 보이도록 세팅합니다. 특히 화장품이나 미용실, 네일아트 등의 체험단에 선정되고 싶으면 사전에 미용 관련 카테고리를 만들어 후기를 쌓아 놓으면 선정될 확률이 더욱 높아집니다. 후기를 작성한 다음에는 방문자 수를 늘리기 위해 서로이웃을 만들고 소통해야 합니다.

일 방문자 수가 200명이 넘으면 체험단 업체 사이트에 들어가 회원가입 후 제품이나 자신의 지역을 검색해 체험을 신청하고 발표를 기다리면 됩니다. 블로그 방문자 수가 많을수록 체험단으로 선정되기가 쉽습니다.

현재 체험단 업체는 200여 개가 넘습니다. 여기에 일일이 나열할 수는 없지만, 특징에 따라 제가 주로 이용하는 업체를 몇 군데 소개해 드릴게요. 네이버에서 검색해 들어가면 됩니다.

1. 1등 체험업체 '레뷰'

이견이 있을 수 있겠지만 체험의 종류나 퀄리티, 관리 등 다양한 면에서 가장 경쟁력이 좋고 체험의 질이 좋은 곳은 레뷰REVU라는 체험단입니다. 인플루언서가 100만 명이 넘고 경쟁하는 블로거가 많은 곳이기도 하구요. 체험단 앱이 따로 있어서 신청 및 관리가 쉽지만 경쟁률이 높은 만큼 선정 확률은 낮습니다.

2. 맛집은 여기 '강남맛집 체험단'

체험 기간이 가장 길어서 이용하기 편한 곳이 강남맛집 체험단입니다. 체험단 업체 중 맛집 체험이 가장 많고 그 밖에 뷰티, 패션 등 다양한 체험이 가득해요. 제공 내역이 저렴한 체험도 많으니 내용을 잘 살펴보고 신청해야 합니다.

레뷰와 강남맛집 체험단 협찬 예시

3. 서울 경기권이라면 '서울오빠'

제가 가장 먼저 체험활동을 한 곳이 서울오빠였어요. 그만큼 경쟁률이 낮

습니다. 지방은 체험 종류가 다양하지 않지만, 경쟁률이 낮은 편이라 선정될
확률이 높고 체험별 포인트를 주기 때문에 포인트를 쌓기도 쏠쏠하답니다.

4. 포인트로 용돈 벌기 '링블'

저는 링블 체험단에서 미용 제품을 다양하게 체험했어요. 제품이 워낙
많고 경쟁률은 높지 않아서 선정 확률이 높습니다. 동네 맛집 체험에는
방문 후에 주는 포인트가 많습니다. 포인트가 쌓여서 3만 점 이상이 되
면 현금으로 환전해 주는데, 저는 여러 번 환전했답니다.

5. 동네 맛집은 여기 '미블'

지역 이름만 검색해도 수십 개의 맛집이 정신없이 업데이트되는 미블
체험단은 제가 자주 이용하는 곳입니다. 특히 동네 맛집과 미용 관련
방문 체험단 수는 다른 업체보다 압도적으로 많아 원하는 대로 골라
서 신청할 수 있습니다. 단, 체험할 수 있는 금액은 적은 편입니다.

6. 쉬운 맛집 당첨이 특징인 '포블로그'

다양한 맛집이 있다는 점도 매력적이지만 당첨이 쉽다는 점도 큰 장점
입니다. 거의 1년씩 체험단을 모집하는 경우가 많아서 새로운 블로거
가 한 번쯤은 당첨되는 편이거든요. 충성 업체가 많고 체험의 퀄리티
도 높아 저는 자주 이용하지만, 신규 체험이 많지는 않습니다.

7. 맛집 예약까지 한 번에 '디너의여왕'

서울 경기권이라면 더 유리한 디너의여왕 체험단은 블로그와 인스타그램 두 가지 모두 선정이 가능합니다. 인스타그램을 키운 인플루언서의 선정 확률이 더 높은 편입니다.

디너의여왕과 미블 홈페이지에 올라온 다양한 맛집 체험

8. 미용이나 숙박은 여기 '오마이블로그'

네일, 미용실, 속눈썹 등 뷰티 관련 체험이 가장 많은 곳으로, 저는 미용실 갈 때는 이곳에서 신청합니다. 전국의 숙박업체 체험이 가득해 여행을 좋아하는 사람들에게 좋습니다. 다만 주말 체험은 선정되기 힘들어 평일 여행을 계획할 때 신청하면 좋을 것입니다.

9. 다양한 체험이 가득한 '놀러와체험단'

다양한 체험이 가득하지만 업체명과 위치를 체험단에 선정돼야 알 수 있는 게 함정일 수 있습니다. 업체의 위치가 동은 표시되지 않고 구까지만 표시되거든요. 저는 신청했다가 한 시간 거리의 맛집에 방문해 후기를 쓴 적도 있습니다.

10. 제품 체험은 바로 여기 '클라우드리뷰', '리뷰플레이스'

둘 다 정말 다양한 제품이 후기를 기다리고 있는 체험단 업체입니다. 마스크나 화장품, 세제 등 생활용품을 주로 체험할 수 있고, 밀키트나 건강식품도 다양합니다. 워낙 상품이 많아 경쟁률이 타 업체에 비해 낮은 편이고, 선정이 잘 되니 초보가 도전하기에 좋은 곳입니다.

지금까지 제가 주로 이용하는 체험단 업체를 소개해 드렸습니다. 이 밖에도 메일이나 쪽지로 체험을 권유하는 체험단이 많고, 종류가 워낙 다양해 둘러보고 직접 선택하면 돼요. 좋은 체험인지 알아보기 위해서는 기존의 후기를 둘러보는 것이 좋습니다. 체험을 신청할 때 중요한 것은 마감 임박인데, 경쟁률이 낮거나 제공 금액이 적은 것은 선정될 확률이 높으니 참고하세요.

기자단 원고료가 건당 30만 원?

블로그로 돈을 버는 방법에는 단순 체험이 아닌 블로그 기자단으로 원고료를 받는 것도 있습니다. 보통 기자단은 체험단 업체에서 신청해 선정될 수도 있고, 메일이나 쪽지로 협업을 원하는 글을 보내오기도 합니다. 기자단에게는 직접 체험해 보고 글을 써 달라고 하거나, 원고와 사진을 제공해 주고 글 형식에 맞게 글을 써 달라기도 합니다. 원고료는 적게는 5,000원에서 많게는 5만 원까지가 대부분이고, 블로그 지수에 따라 가격이 달라집니다. 최적화 블로그나 인플루언서의 경우 10만 원에서 30만 원 혹은 그 이상의 원고료를 받기도 합니다.

맛집이나 저렴한 제품의 경우에는 업체에서 이를 무료로 제공해 줄 수 있지만, 그 밖에 가구나 가전, 학원이나 병원 등 무료로 제공받기 어려운 서비스의 경우 체험 없이 소개를 올리고 원고료를 받는 것이 바로 기자단입니다.

저는 체험단 사이트 내의 기자단이나 방문후기 체험단으로 활동해 주로 원고료를 받았습니다. 제가 가장 많은 원고료를 받았던 것은 얼마 전 한 병원에서 10만 원을 받고 지방 분해 주사를 맞은 것이었습니다. 지방 분해 주사도 직접 체험해 보고 글을 포스팅한 뒤 원고료도 받으니 솔직히 너무 좋더라구요. 살도 빼고 돈도 벌다니, 이런 걸 왜 진작 안 했을까 하는 생각도 들었습니다. 남편에게 변화된 몸 사진을 찍어 달라고 카메라를 줬더니 이렇게 말합니다.

"우와, 진짜 당신 다리가 반쪽이야."

직접 무료로 경험해 보고 장점을 알리는 글을 블로그에 썼을 뿐인데 원고료까지 주는 기자단에는 다양한 유형이 있습니다.

대전 에이스침대 갤러리아 타임월드점 다양한 이벤트로 입주침대 바꿔보세...

벤틸레이터(인공호흡기) 보유한 일산요양병원: 정안요양병원

무료학습지가 가득한 참잘했어요 고품질의 프린트학습지 사이트 전직 어린...

기자단 활동 후에 쓴 다양한 후기

제가 기자단 활동을 하면서 가장 적게 받은 것은 인터넷 사이트를 직접 이용해 보고 후기를 남기는 것이었습니다. 사이트를 이용하며 캡처한 사진을 15장 정도 올리고, 사용 방법이나 느낌을 자세히 1,000자 정도 적은 후에 1만 원을 받았습니다. 글 쓰는 데 걸린 시간은 30분 정도였습니다. 그 외에도 가구점이나 안경점, 학원 등을 직접 방문해서 사진을 찍어 후기를 쓰거나 사진을 받아 소개해 주는 포스팅을

올리고 3만 원 혹은 5만 원의 원고료를 받았습니다. 기자단은 원고료를 돈으로 받기 때문에 많은 사람이 참여하고 있어요.

기자단 참여 시 주의할 점은 유사 이미지와 원고입니다. 직접 방문하지 않고 업체에서 제공하는 사진과 정보로 후기를 쓸 경우, 여러 명의 블로거에게 동시에 동일한 사진과 원고를 주고 글을 발행하게 하기도 합니다. 이런 경우, 받은 사진과 원고를 그대로 올리면 네이버가 가장 싫어하는 유사 이미지 사용으로 블로그 지수가 떨어지게 됩니다. 이로 인해 블로거들이 가장 우려하는 저품질 블로그가 될 수 있어요. 저품질 블로그가 되면 내 글이 검색되지 않고 전혀 노출되지 않아 몇 천 명이었던 일 방문자 수가 한순간에 100명 이하로 떨어지기도 합니다.

그동안 쌓아 온 소중한 노력이 노출에서 막히는 끔찍한 일을 겪지 않으려면, 제공받은 사진이 유사 이미지인지 이미지 검색과 비교를 통해 살펴봐야 합니다. 비슷한 키워드로 검색해서 동일한 사진과 글이 있는지 확인해 보고 참여하는 게 안전합니다. 원고료를 받는 기자단 활동이 수익화에는 좋지만, 블로그에 좋지 않은 영향을 끼칠 수도 있으니 과도한 발행은 피해야 합니다.

유사 이미지를 방지하기 위해서는 제공받은 이미지를 나만의 이미지로 수정하거나 변경해야 합니다. 저는 주로 '미리캔버스'라는 디자인 플랫폼을 이용해 테두리를 두르고 글자를 넣거나 사진을 잘라 나만의 이미지로 만듭니다. 또는 화면에 사진을 띄워 놓고 카메라로 찍어 전혀 다른 파일명의 사진을 만들기도 해요. 이렇게 하면 저품질 우려가 있는 유사 이미지 걱정은 줄어듭니다. 사진을 수정하는 방법은 뒤에서 자세히 설명 드릴게요.

체험단에서 제공하는 제품 또는 서비스 제공 문구는 같은 이미지의 배너를 계속 사용하므로 유사 이미지로 여겨질 수 있어 자신이 직접 경험한 양질의 글을 함께 발행해야 블로그 지수가 떨어지거나 저품질이 되는 것을 막을 수 있습니다.

이 글은 놀러와체험단을 통해
제품 또는 서비스를 협찬받아 작성된 리뷰입니다.

이 글은 레뷰를 통해 본 업체에서
제품 또는 서비스를 제공받아 작성된 글 입니다.
REVU

체험단에서 제품 등을 제공 받아 작성했다는 제공 문구

블로그 주제나 기존에 발행한 글과 맞지 않는 주제의 글은 블로그의 성장에 방해가 되므로, 기자단 신청이나 원고 신청 시 블로그와 어울리는 주제를 선택해서 수익화에 도움이 되도록 해야 합니다. 잘못된 선택과 욕심은 금물이에요.

애드포스트란 블로그 글 중간이나 하단에 뜨는 광고를 말합니다. 블로그에 들어온 방문자가 광고를 클릭해 볼 경우, 글을 작성한 블로거에게 일정한 광고비가 지급되는 시스템이에요. 광고비 단가는 글의 키워드에 따라 달라집니다. 하루에 0원에서 몇 십만 원의 광고비를 받습니다. 방문자 수가 많고 고가의 키워드가 상위 노출된 경우, 일반 직장인의 월급만큼 수익이 발생하기도 합니다.

애드포스트는 기준에 맞는 블로거가 신청하면 승인된 다음 날부터 글에 광고가 달리게 됩니다. 신청할 때 5만 원 이상 자동 지급으로 설정해 놓으면 다음 달 25일에 계좌로 입금됩니다. 광고비가 5만 원 이하면 출금이 되지 않고, 연간 누적 금액이 12만 원을 넘으면 3.3%의 소득세를 공제하고 입금됩니다.

애드포스트의 승인 기준은 다음과 같습니다.

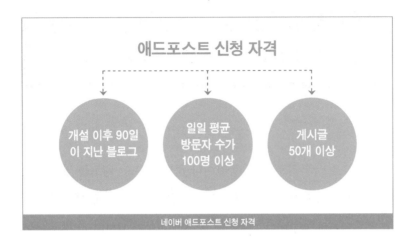

애드포스트 신청 자격

| 개설 이후 90일 이 지난 블로그 | 일일 평균 방문자 수가 100명 이상 | 게시글 50개 이상 |

네이버 애드포스트 신청 자격

위에서 보듯 블로그를 개설하고 약 3개월이 지나면 애드포스트를 신청할 수 있습니다. 일 평균 방문자 수가 100명 이상이고 게시글이 50개 이상이면 신청 자격이 주어집니다.

네이버 검색창에 '애드포스트'를 검색하면 다음과 같이 애드포스트 홈이 검색됩니다. 홈으로 들어가 '애드포스트 시작하기'를 클릭하고 약관에 동의해 주세요. 회원 인증을 하고 회원 정보를 입력한 다음, 가입 신청을 완료하면 심사 후 애드포스트 신청 결과를 메일로 알려 줍니다. '애드포스트가 승인됐습니다'라는 메일이 도착하면 그날부터 바로 자신의 블로그 글 중간과 끝부분에 광고가 붙는 것을 확인할 수 있습니다.

네이버 애드포스트의 첫 화면

애드포스트 광고가 승인되면 다음 날 아침 7시 이후 블로그에서 전날 수익을 확인할 수 있습니다. 블로그 앱 관리에 들어가면 블로그 예상 수익 확인에서 영역별 수익과 광고 노출 수, 노출에 기여한 글, 콘텐츠별 클릭 기여도를 알 수 있어요.

블로그 앱 예상수익 확인에서 볼 수 있는 다양한 지표들

저는 블로그 시작 후 바로 애드포스트 승인 기준이 되어 신청했고, 처음에는 하루에 50원에서 1,000원 정도의 수익이 발생했습니다. 한 달에 치킨 값을 번다는 말이 실감 나더군요. 그런데 애드포스트 수익을 극대화할 수 있다는 강의를 듣고 그대로 실천해 봤더니 하루에 12만 원 이상의 수익이 생겼습니다.

애드포스트 광고비는 키워드에 따라 단가가 다릅니다. 키워드의 단가는 네이버 광고 시스템을 통해 알아볼 수 있어요. 네이버 검색창에 '네이버 검색광고'를 입력하면 아래와 같은 화면이 뜹니다. 네이버 아이디로 로그인을 하면 광고 시스템에 누구나 들어갈 수 있습니다. 네이버 광고 시스템은 연관 검색어의 검색량을 볼 수 있어서 키워드 찾을 때도 유용하게 쓰이는 시스템이에요.

네이버 검색광고에 들어가 볼 수 있는 검색어 관련 다양한 자료

'광고 플랫폼 바로가기'를 클릭해 네이버 광고 시스템에 접속하면 위쪽에 '도구' 탭이 보입니다. '도구'-'키워드 도구'를 클릭하면 연관 키워드를 조회할 수 있습니다. 내가 쓰고자 하는 키워드를 키워드 란에 입력하고 '조회하기'를 누르세요. 키워드가 검색되면 왼쪽에 '전체 추가'를 클릭한 다음, 오른쪽 화면의 '월간 예상 실적 보기'를 클릭해 금액을 100,000원으로 조회하면 키워드의 단가를 알 수 있습니다.

네이버 광고 시스템에서는 키워드별 단가와 월간 예상 실적을 조회해 볼 수 있다.

예상 평균 클릭 비용이 바로 키워드의 광고 단가인데요. 광고 단가는 0원에서 10만 원까지 다양합니다. 광고 단가가 높은 키워드의 글을 발행한 후에 이 글이 상위에 노출돼 유입이 많고, 유입된 방문자가 광고를 클릭하면 그동안 알던 금액 이상의 광고료를 다음 날 확인할 수 있습니다.

저는 학원이나 교육 정보를 자주 포스팅하면서 이런 글들이 상위 노출되어 글 하단에 붙어 있는 광고를 클릭할 확률이 높아졌습니다.

위에서 검색했던 '기숙학원'이 몇 개월 동안 상위 노출되면서 많은 유입과 클릭으로 하루에 10만 원 이상의 광고비를 받는 경우가 생긴 거예요. 고가의 광고비를 주는 광고 클릭 덕분에 제 애드포스트 수익은 치킨 값이 아닌 월세 수준이 됐습니다.

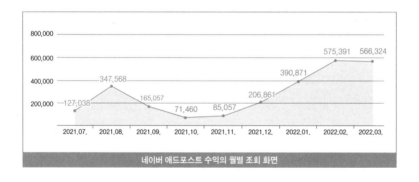

네이버 애드포스트 수익의 월별 조회 화면

날짜	미디어		노출수	클릭수	클릭률(CTR)	수입예정원(원)
2021.07.	조은쌤의 행복찾기	+	6,221	196	3.15%	127,038
2021.08.	조은쌤의 행복찾기	+	35,153	353	1%	347,568
2021.09.	조은쌤의 행복찾기	+	9,628	76	0.79%	165,057
2021.10.	조은쌤의 행복찾기	+	23,751	94	0.4%	71,460
2021.11.	조은쌤의 행복찾기	+	52,161	84	0.16%	85,057
2021.12.	조은쌤의 행복찾기	+	70,746	181	0.26%	206,861
2022.01.	조은쌤의 행복찾기	+	53,024	459	0.87%	390,817
2022.02.	조은쌤의 행복찾기	+	51,594	399	0.77%	575,391
합계	조은쌤의 행복찾기	+	302,278	1,842	0.61%	1,969,249

블로그 노출 정도와 클릭률, 수입예정액을 조회한 화면

광고비 단가가 높은 키워드는 경제나 의학, 법률, IT 분야에도 많습니다. 자신이 잘하거나 관심 있는 분야로 주제를 정하고, 꾸준히 정보가 알찬 좋은 글을 올려 상위에 노출시켜 보세요. 그 덕분에 잠든 사이에도 돈이 들어오는 자동 수익화를 경험하게 될 겁니다.

'쿠팡 파트너스'로 유명한 제휴 마케팅

    온라인에서 홍보를 통해 수익을 얻는 방법은 다양하지만 크게 세 가지로 나누어 말할 수 있어요. 첫 번째는 광고를 노출시켜 얻는 수익으로, 보통 'CPVCost Per View, 조회 수당 지불되는 광고비'라고 합니다. 두 번째는 애드포스트처럼 노출된 광고가 클릭됨으로써 받는 수익으로, 'CPCCost Per Click, 클릭 수마다 지불되는 광고비'라고 하지요. 세 번째가 바로 제휴 마케팅 혹은 'CPACost Per Action, 액션당 지불되는 광고비', 'CPSCost Per Sale, 판매당 지불되는 광고비'라고 부르는 방법입니다. 광고주가 블로거에게 고유의 제휴 ID나 링크를 주고 이를 클릭해 유입된 방문자가 회원가입을 하거나 물건을 구매하면, 그에 따른 수수료를 블로거에게 주는 마케팅을 말합니다. CPS는 CPV나 CPC보다 난이도가 높기 때문에 단가가 높은 편입니다. 대표적으로 쿠팡 파트너스와 리더스 CPA가 있습니다.

    블로그를 이미 운영 중인 사람이라면 쿠팡 파트너스에 대해 많이 들어 봤을 겁니다. 쿠팡 파트너스에 가입하고 물건을 검색해 자신만의 링크를 받아 블로그에 후기와 함께 링크를 넣어 주면 되는데, 방문자가 링크를 통해 물건을 구입하면 상품에 따라 구입 금액의 최대 3%

가 수익으로 돌아옵니다. 상품 리뷰를 주제로 운영 중인 블로그의 경우, 직접 써 보고 후기를 작성하면 상위 노출돼 이를 통해 수익이 극대화되기도 합니다. 소소하게 한 달에 몇 만 원부터 몇 십 만 원까지 블로그 노출과 이웃과의 소통에 따라 수익이 달라집니다.

쿠팡 파트너스 메인 화면(위)과 블로그 URL을 입력해 링크 중인 화면(아래)

쿠팡 파트너스를 네이버에서 검색하면 위와 같은 사이트가 보입니다. 회원가입을 한 뒤 자신이 원하는 상품을 주문하고 사용해 본 후 자세한 사진과 솔직한 후기를 작성합니다. 그런 다음 포스팅 아래쪽에 쿠팡 파트너스에서 주는 URL을 복사해 넣어 클릭을 유도하면 돼요.

여기서 중요한 점은 자신이 사용해 본 제품의 장점을 최대한 부각시켜 읽는 이로 하여금 구매하고 싶게 만들어야 한다는 것입니다. 후기가 상위에 노출돼 있거나 이웃과 활발하게 소통하고, 양질의 후기를 꾸준히 올려 팬을 만든다면 유입되는 방문자가 많아지고 클릭과 구매율도 높아질 수 있습니다.

리더스 CPA는 대표적인 수익형 제휴 마케팅 업체로 금융, 법률, 교육, 자동차, 창업 등 다양한 주제의 광고가 특징입니다. 한 달에 1만 원부터 5,000만 원 이상의 수익을 발생시킬 수 있는 온라인 수익 모델입니다.

블로그에 정보를 포스팅한 뒤 자신의 고유 링크를 삽입해 링크를 통한 회원가입이나 상담 시 블로거에게 수익이 들어오는 플랫폼입니다. 저는 글 하나로 하루 만에 84,000원의 수익을 얻은 적이 있습니다. 제휴 마케팅으로 월 1,000만 원 이상의 수익을 올리는 사람도 있을 정도니 도전해 보면 좋은 수익원이 될 겁니다.

제휴 마케팅의 경우 글이 상위에 노출되는 것이 중요합니다. 자신의 블로그 주제에 맞는 캠페인을 선택해서 자신의 후기나 경험 정보를 제공하며 링크에 접속하도록 유도해야 합니다.

제휴 마케팅이라고 해서 수익을 위해 과장된 정보나 잘못된 정보를 전

달하면 낚시성 블로거가 돼 독이 될 수 있습니다. 그동안 쌓아 온 이미지에 맞는 내용의 마케팅을 선택해 수익을 올리고, 자신이 갖고 있는 정보나 진솔한 후기를 함께 써서 방문자 수를 늘리는 노력이 필요합니다. 제휴 마케팅 링크가 과도하게 삽입된 글을 남발하면 블로그를 저품질에 빠지게 할 수 있으니 조심해야 해요.

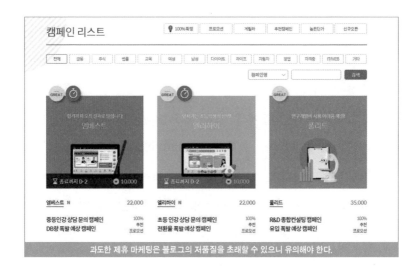

과도한 제휴 마케팅은 블로그의 저품질을 초래할 수 있으니 유의해야 한다.

적극적으로 판매하고 싶다면 공구와 블로그 마켓

저도 인스타그램을 통해 공구를 해 본 적이 있습니다. 피드에 릴스나 게시물로 제품 사진과 동영상을 만들어 홍보한 후에, 프로필 링크를 통해 구글폼으로 신청받거나 직접 스마트스토어로 연결시켜 제품을 판매하는 방식이었어요.

인스타그램 공구는 인친에게 신뢰를 쌓고 자신이 좋다고 느끼는 제품을 판매하는 것입니다. 이는 블로그도 마찬가지입니다. 블로그에서는 공구와 함께 블로그 마켓으로도 물건 판매가 가능합니다. 주로 스마트스토어를 하는 사람은 블로그 마켓을 이용하거나 후기 블로그를 만들어, 사용후기를 올리고 상품 링크로 스마트스토어에 연결해 판매할 수 있어요.

소통이 기반인 공구의 경우, 서로이웃이 많고 평소에 한 가지 주제로 정성스런 포스팅을 꾸준히 하며 관련 제품을 추천해 판매하기도 합니다. 예를 들어 육아 블로거의 경우, 아이의 커 가는 모습과 육아용품 후기를 알찬 정보와 함께 포스팅하면 신뢰가 쌓여 추천하는 육아용품이나 아이 옷 등을 공구로 판매할 수 있게 됩니다. IT 관련 제품을 전문적으로 포스팅하는 블로거의 경우, PC 액세서리나 휴대폰 관련 제품을 추천하며 공구를 하기도 합니다. 이웃이 쌓여서 내 글을 좋아하는 팬들

마스카라 대신 쓰는 속눈썹영양제 공구!(마감)

히히 속눈썹영양제 공구 오랜만에 돌아왔어용! 키에라는 공구기간이 짧기때문에 바로 구매 부탁드려...

2024. 1. 8.

🙂11

더마펌 볼륨앰플, 갈바닉 부스터 공구! 무료배송!!!(마감)

일단 새해 복 부터 받으세요 많이 받으세요♡ 급해요 급해... 2024년 이제 나는 마흔이야... 안티에이징...

2023. 12. 31.

다양한 블로그 공구 글

이 많아지면 판매 수익도 올라갑니다.

블로그 마켓은 스마트스토어처럼 제품을 올려 판매하는 사이트입니다. 블로그의 새 글 중간에 올라오는 광고가 블로그 마켓입니다. 자신이 판매하는 제품이 있거나 스마트스토어를 운영하는 경우에 블로그를 이용해 또 하나의 판매처를 만들 수 있는 것이지요.

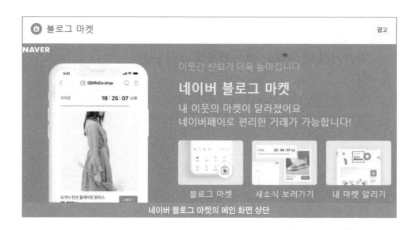

네이버 블로그 마켓의 메인 화면 상단

현재 스마트스토어를 운영 중인 사업자라면 블로그에 상세 페이지나 후기를 작성해 상품을 홍보하고, 스마트스토어 내의 제품 링크로 연결해 노출이 되면 판매로 이어집니다. 스마트스토어나 일반 오프라인 가게를 운영 중인 사람이라도 블로그를 개설해 포스팅을 쌓아 제품이 노출되는 것이 홍보와 매출 증가에 도움이 되지요.

블로그 마켓에는 다양한 업종이 개설돼 있다.

블로그에 글을 쓰는 연습을 충분히 하고 나면 다양한 주제로 포스팅을 할 수 있게 됩니다. 이런 글쓰기 능력으로 수익화할 수 있는 일이 바로 원고대행이에요. 자신이 운영하는 블로그가 아닌 타인의 블로그 글을 대신 작성해 주는 일을 하는 원고대행은 두 가지로 나뉩니다. 단순히 주어진 주제로 원고만 써서 대행사에 제출하고 원고료를 받는 작가와, 직접 블로그를 운영하기 어려운 사업체 대신 블로그를 운영해 주고 사업체로부터 수수료를 받는 원고대행이 있어요.

원고대행 작가는 셀프모아나 크몽 같은 마케팅 대행사의 작가 모집에 신청해 선정되면 활동할 수 있습니다. 글의 주제나 난이도에 따라 1,000자 기준 1편당 5,000~2만 원의 원고료를 받고 글을 써 주고 수익화할 수 있어요.

원고대행 작가가 되기 위해서는 자신의 블로그에 마케팅 업체에서 원하는 주제의 글을 미리 써서 포트폴리오를 만들어 두면 좋습니다. 자신의 글쓰기 능력과 준비된 자세를 적극적으로 보여 준다면 원고대행 작가로 선정되기가 훨씬 쉬워질 겁니다.

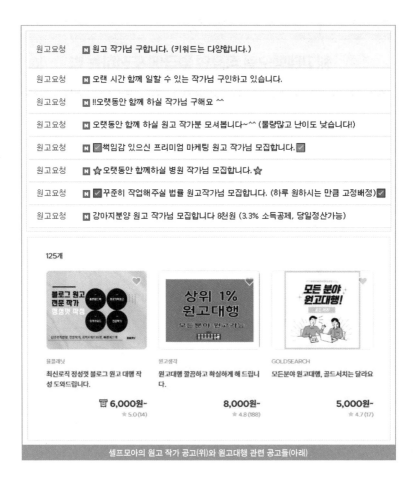

원고요청	N 원고 작가님 구합니다. (키워드는 다양합니다.)
원고요청	N 오랜 시간 함께 일할 수 있는 작가님 구인하고 있습니다.
원고요청	N !!오랫동안 함께 하실 작가님 구해요 ^^
원고요청	N 오랫동안 함께 하실 원고 작가분 모셔봅니다~^^ (물량많고 난이도 낮습니다!)
원고요청	N ☑책임감 있으신 프리미엄 마케팅 원고 작가님 모집합니다. ☑
원고요청	N ☆오랫동안 함께하실 병원 작가님 모집합니다. ☆
원고요청	N ☑꾸준히 작업해주실 법률 원고작가님 모집합니다. (하루 원하시는 만큼 고정배정)☑
원고요청	N 강아지분양 원고 작가님 모집합니다 8천원 (3.3% 소득공제, 당일정산가능)

125개

율플래닛
최신로직 정성껏 블로그 원고 대행 작
성 도와드립니다.
🏷 6,000원~
★ 5.0 (14)

원고생각
원고대행 깔끔하고 확실하게 해 드립니
다.
8,000원~
★ 4.8 (188)

GOLDSEARCH
모든분야 원고대행, 골드서치는 달라요
5,000원~
★ 4.7 (17)

셀프모아의 원고 작가 공고(위)와 원고대행 관련 공고들(아래)

원고대행 작가로 쓰는 글은 대부분 법률, 병원, 학원 등의 업체에 대한 정보성 글이나 다녀온 후기 글인데, 이런 글들을 미리 연습해 두면 좋습니다.

블로그 대행을 해 주는 마케팅 업체는 대부분 금액이 비싼 편이고, 1년 단위로 계약하기 때문에 규모가 작은 업체에는 부담이 될 수밖에 없습니다. 이런 경우 블로그 운영을 잘하는 블로거에게 업체의 블로그 운영을 맡기기도 합니다.

블로그 운영 대행 수수료는 조건에 따라 다르지만, 저의 경우 한 달 동안 일주일에 두 번 정도 주제에 맞게 포스팅해 주고 방문자 수를 관리해 주면서 월 30만 원 이상을 받고 있습니다. 이를 6개월 단위로 계약하여 여러 업체를 맡아 운영한다면, 부업 정도가 아니라 월급 이상의 수익을 얻을 수도 있습니다.

블로그 대행을 하기 위해서는 자신의 블로그를 브랜딩형으로 잘 세팅하고 업체에게 믿음을 주는 게 중요합니다. 성과를 보여 줄 수 있는 포트폴리오를 만들어 업체에게 신뢰감을 주고, 첫 달 블로그 운영 후 블로그 운영 효과를 수치로 보여 주어 꾸준히 블로그 대행을 맡길 수 있도록 해야 합니다. 처음 업체 대행을 하는 분이라면 어렵게 느껴질 수 있지만, 적극적으로 업체에 대한 정보를 수집하고 타 업체 블로그와 비교하고 벤치마킹하면 누구나 할 수 있습니다.

제가 처음 대행했던 블로그는 지인으로 지내던 작가님의 브랜딩 블로그였어요. 세팅이 이미 홈페이지형 블로그로 잘 되어 있어서 카테고리별 주제에 맞는 자료를 받아 키워드를 분석해 글을 올려 주면 됐습니다. 원고대행비는 한 달에 20만 원 정도였습니다. 일주일에 두 개씩 글을 썼는데 한 개의 글을 발행하는 데 30~60분 정도 시간이 소요됐어요. 각자의 글쓰기 방식이나 능력에 따라 시간 차이는 있겠지만, 블로그 대행을 맡을 정도의 포트폴리오를 가진 블로거라면 어렵지 않을 거예요.

다만 블로그 대행에 대한 계약 내용이 제대로 명시돼 있지 않으면 성과에 따라 대금 지급이 어려운 경우도 있으니 처음에 계약 조건을 잘 검토한 후에 계약서를 작성하기를 바랍니다.

✍️ **블로그 기반으로**
강의·컨설팅·전자책 수익을 얻다

블로그를 꾸준히 운영하려면 평소에 관심 있거나 자신이 잘하는 한 가지 주제에 대한 정보를 연재하는 것이 가장 좋습니다. 한 가지 주제를 중심으로 글이 쌓이면 자연스럽게 스스로를 브랜딩하게 되고, 글을 쓰기 위해 더 많은 정보를 공부하게 돼 갈수록 블로그 내용이 풍부해집니다. 이것을 모아 전자책을 발간할 수도 있어요. 전자책을 쓴 뒤에는 이를 강의로 발전시킬 수 있고, 다른 사람을 도와주는 컨설팅까지 할 수 있답니다.

블로그에 글을 올리기 시작했을 뿐인데 저는 체험단 전문 블로거가 되어 개설하자마자 한 달에 100만 원의 수익을 올리고, 1년 만에 2,000만 원을 모은 블로거가 됐습니다. 블로그를 시작하고 한 달 만에 부업으로 돈을 벌자, 온라인상의 지인들이 강의를 해 달라고 요청해 오기 시작했습니다. 몇 개월 만에 저는 왕초보를 가르치며 수익을 올리게 됐습니다.

블로그 수익화 무료강의 :
브랜딩을 위한 블로그 운영
방법 신청하세요

인생 역전 학교 블로그챌린
지와 독서챌린지 8기 모집

블로그로 100만원벌기 심
화반 9기 모집합니다.

블로그 강의 신청 소개 포스팅

요즘은 블로그로 수익화하는 법에 대해 포스팅하고 블로그에 강의를 소개해 두었더니 댓글 등으로 문의가 들어오곤 합니다. 그러면서 적어 온 글들이 지금 쓰고 있는 책의 밑거름이 되고, 저를 더욱 성장시키는 자양분이 되었습니다.

여러분도 지금 매일 하는 일이나 공부한 것을 꾸준히 블로그 글로 남긴다면 그것이 쌓여 당신의 비법서가 될 수 있습니다. 어떤 주제든 상관없어요. 평범한 육아맘의 육아일기도 아이를 낳으려는 초보 엄마에게는 꼭 읽고 싶은 비법서가 될 수 있고, 취업 준비를 하며 공부한 내용을 블로그에 잘 정리해 놓으면 취업 준비생을 위한 책이 될 수 있으며, 강의가 될 수 있습니다. 창업을 준비하는 예비 사장님이라면 창업 준비 과정과 창업 이후의 이야기를 매일 블로그에 남겨 보세요. 가게 홍보에도 좋지만, 훗날 생생한 경험담이 가득한 책으로 만들 수 있습니다.

브랜딩의 한 예로, 지인 중에 성지순례에 대한 글을 꾸준히 올리는 사람이 있습니다. 전국의 성지 가는 길부터 주차장, 편의시설, 순례길, 역사 등을 소개하고 주변 맛집까지 포스팅하고 있습니다. 지인은 이 내용을 엮어 전사책을 기획하고 있습니다. 전자책을 쓰기 위해 진국 빙빙곡곡의 성지를 다녀오려면 시간이 오래 걸리지만, 블로그에 오랜 시간 쌓아 둔 기록은 보다 쉽게 책으로 묶어 낼 수 있는 밑거름이 됩니다.

또 다른 지인은 제게 블로그 컨설팅을 의뢰했는데, 공무원으로 30년 이상 근무한 경력이 있었습니다. 그동안 일하며 배운 노하우를 블로그에 팁으로 작성해 이후 책으로 엮고 싶다고 하더군요. 저는 '선배의 은밀한 노하우'라는 블로그명을 권해 드리고, 공무원이 되는 과정과 일하는 데 필요한 노하우를 블로그에 글로 쌓도록 조언했습니다. 블로그로 나를 알리고 이를 통해 도움받은 이들에게 인지도를 높이면, 이후 책을 출간할 때 잠재 독자층을 확보할 수 있겠지요.

북 콘서트에서 알게 된 김영태 작가님은 1,800일 이상 매일 블로그에 글을 쓰고 있는 작가로 유명합니다. 가톨릭 신자인 작가님은 성당에서 신부님이 강론 쓰시는 것을 보고 자신도 성경 구절을 소재로 매일 블로그에 글을 썼고, 그렇게 쓴 글을 모아 세 권의 책을 출간했습니다. 발간을 염두에 둔 글은 워드에서 글을 쓴 다음, 내용을 발췌해 블로그로 옮겨 발행하곤 했어요. 처음에 쓴 글은 단순히 나를 위한 것이었는데 책을 위한 글을 쓰게 되니 읽는 사람을 위한 글쓰기가 되었다며, 공개된 곳에 매일 글을 쓰는 블로그의 필요성을 강조하셨어요. 작가님의 블로그에는 1,800개의 글이 쌓여 있어서 원하는 키워드로 검색하면 책을 쓰기 위한 글이 여러 편 검색돼 책을 출간하는 데 어려움이 없었다고 합니다.

이렇게 매일 써 놓은 글을 모으면 책이 될 수 있는 곳이 바로 블로그입니다. 당신이 지금 최선을 다해 온종일 힘을 쏟고 있는 일, 열심히 몰두하고 있는 취미, 미래를 위해 배우고 있는 것을 모두 블로그에 남겨보세요. 일 년 또는 그보다 더 짧은 기간에 그 기록들은 자산이 되고, 그것을 검색이나 소통을 통해 보아 온 사람이 당신의 팬이 되어 있을 겁니다.

블로그 코칭을 받고 나서 활동을 시작한 분 중에 카페하린 대표님이 계십니다. 이 분은 자신의 카페 홍보를 위한 블로그를 운영 중입니다. 이 분은 카페 창업과 카페에서 열리는 북콘서트를 통해 다양한 작가를 섭외하는 노하우 등을 블로그에 카테고리를 나누어 정리하고 있어요. 이 글들을 모아 북카페에 관한 전자책을 출간할 목표를 갖고 있답니다.

이렇듯 책 출간을 목적으로 블로그를 운영하는 사람이라면 책의 주제와 목적을 염두에 두고 간략한 목차를 만들어 순서대로 글을 써 나가는 것이 좋습니다.

내 사업을 하고 있다면 블로그는 필수

사업장을 운영하는 사람은 블로그가 마케팅 수단으로 중요하다는 것을 알고 블로그를 운영하고 있을 겁니다. 그런데 블로그를 어떻게 운영해야 많은 방문자가 올지 고민하는 사람을 종종 보곤 합니다. 그런 사람들에게 저는 홍보를 위해서는 자신의 업체가 사업에 얼마나 전문성이 있고, 다른 곳과 차별화된 서비스를 제공하는지 설명하는 소개글을 먼저 작성해 보라고 조언하곤 합니다.

단순히 업체 홍보를 위해 같은 제목, 같은 키워드로 비슷한 글을 작성하면 오히려 노출이 되지 않기 때문에 업체 홍보를 위한 랜딩페이지 Landing Page, 광고나 검색을 통해 사용자가 최초로 접속해 보게 되는 웹페이지 같은 글을 정성스레 작성해 공지사항으로 올리고, 사업과 관련된 정보를 꾸준히 포스팅할 것을 권합니다.

예를 들어 병원을 운영할 경우, 병원 소개는 블로그 홈을 홈페이지형으로 개설해 전문성을 보여 주고 진료 과목에 대해 정보를 나눠 주는게 좋습니다. 또 병에 좋은 음식이나 운동법 등을 병원 홍보와 관계없이 평소에 자세히 기술해 두면 병에 좋은 음식을 검색하고 들어온 방문자가 병원에 대해서도 알게 되는 일석이조의 효과를 줍니다. 특히 글 제목에 지역 이름을 다양하게 바꿔 넣어 주면 실수요자에게 노출될 확률이 높아집니다.

건강식품을 판매하는 사업자라면 건강에 좋은 음식의 효능 등을 매일 포스팅하고 이와 연관된 건강식품 링크를 넣어 두면 정보를 제공하면서 사업을 홍보할 수 있습니다. 단순히 자신이 판매하는 건강식품으로 글을 올리면 광고성 글로 보이기 때문에 방문자가 줄어들고 글을 올린 효과를 얻을 수 없습니다. 그러니 알고 있는 건강정보를 제공하고, 이를 통한 신뢰를 바탕으로 제품 판매가 이뤄지도록 진심을 담아 글을 올려야 합니다.

스마트스토어를 운영하는 사람은 블로그를 더 효율적으로 활용해야 합니다. 단순히 스마트스토어나 제품을 소개하는 글보다는 자신이 소싱한 물건을 직접 써 보고 후기를 올리는 것이 더욱 효과적입니다. 상품 리뷰를 주제로 한 블로그를 개설해 매일 제품에 대한 후기를 올리며 글 안에 구매 링크를 스마트스토어에 연결해 두면 상위에 노출돼 판매를 극대화할 수 있지요. 이렇듯 블로그는 사업 홍보를 위한 필수 공간이 됐답니다.

저는 블로그 강의나 관련 자료를 블로그에 올리고 공지사항으로 남겨 놓곤 합니다. 방문자나 서로이웃이 그것을 보고 강의를 신청하거나 문의를 하는 경우가 많습니다. 특히 블로그는 같은 카테고리의 글이 연관 글로 연결되어 방문자가 글을 연쇄적으로 읽으면 블로그 지수가 올라가기도 합니다.

초기 블로거 시절, 저는 일상 속 맛집과 여행지 소개를 포스팅했습니다. 많은 사람들이 늦깎이 신혼부부의 일상을 궁금해했고, 남편의 먹방 동영상은 반응이 좋았습니다. '음주에 진심인 부부'라고 우리를 소개하며 먹거리에 대한 솔직한 글을 올리자 제험난에 더욱 살 선성됐습니다. 이렇듯 한 가지 주제의 정보를 꾸준히 포스팅하는 것만으로 나를 알리고 수익화할 수 있습니다.

제가 일하고 있는 학술연구기관도 작년부터 블로그를 시작했습니다. 정부나 지자체 공무원들이 관련 실적을 지닌 업체나 관련 정보를 찾을 때, 네이버 검색을 통해 블로그로 유입돼 수의 계약이 이뤄지는 경우가 많아지게 됐어요.

블로그의 홍보 효과를 알게 된 저희 연구기관의 대표님은 홍보를 위한 전담 직원을 채용해, 매주 발행할 글에 대해 논의하곤 합니다. 사업을 시작한 지 13년 만에 블로그의 중요성을 알고 비용과 시간을 투자하기 시작한 거예요. 그만큼 블로그가 사업 홍보에 반드시 필요한 영역이 된 것이지요.

전문 업체의 경우, 블로그를 활용하면 큰 효과를 보곤 합니다. 병원에서는 의료법이 강화되면서 일반 블로거의 후기가 비공개 처리되는 경우가 많아져 대부분의 글을 전문가가 작성해 상위에 노출시킵니다. 흔히 검색되는 여드름이나 비염 등을 지역명과 함께 키워드로 사용하면 지역 검색에 상위 노출돼 방문을 유도하는 경우가 많습니다.

저도 '대전 서구 고혈압'이라는 검색어로 검색해 상위 노출된 블로그 글을 보고 병원을 찾은 적이 있습니다. 그 밖에 학원이나 법률 사무소, 피부관리 샵 등 전문적인 정보를 바탕으로 유입이 가능한 사업체라면 블로그 운영이 꼭 필요합니다.

PART 3

수익용 블로그는
취미용과 달라야 한다

원하는 수익화 방법과 목표를 정했다면 이에 맞는 블로그 세팅이 필요합니다. 블로그의 주제, 주제에 어울리는 별명, 블로그명, 카테고리, PC용 프롤로그, 모바일용 홈을 설정해야 하지요. 이때 블로그 운영 목적이 무엇이냐에 따라 세팅하는 방법이 달라집니다. 블로그는 목적에 따라 부업으로 수익을 얻고 싶은 수익형, 상품을 홍보하고 싶은 상업형, 나를 알려서 브랜딩하고 싶은 브랜딩형, 사람들과 소통하고 자신을 기록하고 싶은 취미형 네 가지로 분류할 수 있습니다.

2000년대에 시작된 블로그는 네이버 블로그와 티스토리 블로그가 대표적입니다. 네이버 블로그는 네이버 회원가입을 한 후에 블로그를 개설하면 돼요. 티스토리 블로그는 구글과 연계된 플랫폼으로 카카오 계정이 있으면 누구나 회원가입해 개설할 수 있어요.

두 블로그는 운영이나 노출 방법 등이 확연히 다른데 둘 다 장단점이 있습니다. 티스토리 블로그의 경우, 세계 최대 웹사이트인 구글과 연계되어 있어서 불특정 다수에게 검색돼 더 많은 사람의 유입이 가능합니다.

티스토리 블로그 광고는 애드센스를 통해 이뤄집니다. 네이버 애드포스트처럼 애드센스를 신청해 승인이 돼야 글에 광고가 붙고 수익을 얻을 수 있습니다. 애드포스트에 비해 승인받는 게 어려워 진입 장벽이 높습니다. 그러나 많은 사람들이 도전하는 이유는 애드포스트에 비해 수익이 보통 30배 정도 높기 때문입니다. 애드포스트 광고는 글 중간과 하단의 정해진 곳에 들어가지만, 애드센스 광고는 자신이 원하는 곳에 다양하게 넣을 수 있어서 클릭률이 상대적으로 높습니다.

티스토리는 내용의 풍부함과 퀄리티를 중심으로 보기 때문에 네이버처럼 최신 글이 검색 상단에 노출되지 않습니다. 그렇기에 초보가 최신 글을 통해 쉽게 상위 노출되는 네이버 블로그보다 어렵게 느껴지고, 초기에 노력을 많이 해야 합니다. 시간이 걸리더라도 꾸준히 퀄리티 높은 전문적인 글을 발행할 수 있다면 도전해 봐도 좋을 겁니다.

티스토리에 비해 네이버 블로그는 진입 장벽이 아주 낮아 초보도 쉽게 수익화할 수 있는 곳이에요. 네이버에서 검색했을 때 상위 노출되는 글은 대부분 최신 글 중 한 가지 주제로, 일관성 있고 전문적이며 주관적으로 쓴 글입니다. 적절한 사진과 동영상, gif 파일 등을 읽기 좋게 구성해 1,500자 내외로 쓰면 초보라도 상위에 노출될 수 있어요.

네이버 플레이스에 블로그 리뷰를 연동시킬 수 있어 다양한 곳에서 유입이 가능하고, 체험단이나 기자단 등에 쉽게 선정돼 수익화시키기가 어렵지 않습니다. 애드포스트 승인 기준도 앞에서 설명 드린 대로 어렵지 않습니다. 단, 고가의 키워드가 아니면 티스토리 블로그에 비해 수익이 낮아 광고보다는 체험단이나 기자단, 원고료 등으로 수익을 얻기 위한 블로그로 적합해요.

네이버 블로그로 돈을 벌기 위한 가장 좋은 방법은 인플루언서가 되는 것입니다. 네이버 인플루언서는 2020년부터 생긴 제도로, 기존의 네이버 파워블로그의 다른 이름이라고 할 수 있어요. 20가지 주제 중 한 가지를 선정해 사람들에게 도움이 되는 글을 꾸준히 올리는 블로거에게 주어지는 이름입니다.

네이버 인플루언서에게는 다양한 혜택이 주어집니다. 우선 상위 노출이 잘 되고, 인플루언서 노출 탭이 따로 있어서 다른 블로거에 비해 광고비 단가가 높습니다. 즉, 인플루언서가 되면 광고 글 발행 시 원고료가 일반 블로거에 비해 최소 몇 배에서 몇 십 배 정도 차이가 나게 됩니다. 요즘엔 인플루언서 전용 홈페이지가 생겨 콘텐츠를 묶어 연동해 볼 수 있습니다. 애드포스트 수익도 일반 블로거보다 높습니다. 팬 수가 3,000명이 넘으면 프리미엄 광고가 붙어 일반 애드포스트보다 3~4배 많은 광고비를 받을 수 있어요.

네이버 인플루언서는 방문자 수가 많거나 상위 블로거라고 하여 무조건 선정되는 것이 아닙니다. 한 가지 주제의 글을 꾸준히 쓰고 이웃과 소통하는 블로거가 인플루언서로 선정됩니다. 체험단이나 기자단 등 수익화를 위해 글을 올리는 블로거는 인플루언서에 선정되기 어렵습니다. 자신이 꾸준히 쌓아 갈 수 있는 한 가지 주제로 양질의 글을 지속적으로 올리면 선정될 수 있습니다.

저는 오로지 수익화가 목적이었기에 당장 수익이 나는 체험단이나 제휴 마케팅 등을 위해 노력했기 때문에 인플루언서에는 도전하지 못했어요. 하지만 한 가지 주제의 글을 쓰면서 자신만의 전문성을 살리겠다는 목적을 가진 사람이라면 도전해 봐도 좋을 겁니다.

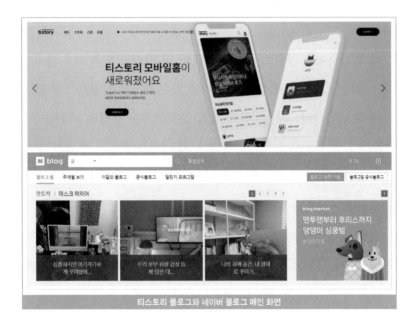

티스토리 블로그와 네이버 블로그 메인 화면

블로그 주제만 잘 정해도 절반은 성공

 블로그 주제는 상위 노출이나 꾸준한 글 발행을 위해 매우 중요합니다. 주제는 중간에 변경할 수 있지만 자주 변경하면 블로그의 품질에 좋지 않습니다. 저는 처음에 일상·생각이라는 주제로 시작했다가 중간에 교육·학문으로 변경했습니다. 제 이력과 관심사에 맞는 주제를 선정하기 위해 불가피한 일이었습니다. 독자 여러분은 처음부터 자신에게 맞는 주제를 신중하게 선택하면 좋겠습니다.

 '블로그 관리'로 들어가면 '블로그 정보' 탭에서 블로그 주제를 정할 수 있습니다. 블로그 주제는 다음 페이지와 같이 총 32가지로 나뉘는데, 그중 자신이 앞으로 꾸준히 포스팅할 수 있는 주제를 정하면 됩니다.

 제 수강생 중에서도 블로그 주제를 무엇으로 할지 고민하는 사람들이 꽤 많습니다. 너무 어렵게 생각하지 마세요. 자신이 지금 하는 일이나, 공부하고 있는 것과 연관된 주제가 좋습니다.

엔터테인먼트·예술	생활·노하우·쇼핑	취미·여가·여행	지식·동향
○ 문학·책	○ 일상·생각	○ 게임	○ IT·컴퓨터
○ 영화	○ 육아·결혼	○ 스포츠	○ 사회·정치
○ 미술·디자인	○ 반려동물	○ 사진	○ 건강·의학
○ 공연·전시	○ 좋은글·이미지	○ 자동차	○ 비즈니스·경제
○ 음악	○ 패션·미용	○ 취미	○ 어학·외국어
○ 드라마	○ 인테리어·DIY	○ 국내여행	◉ 교육·학문
○ 스타·연예인	○ 요리·레시피	○ 세계여행	
○ 만화·애니	○ 상품리뷰	○ 맛집	
○ 방송	○ 원예·재배		

네이버 블로그 주제 32가지

저는 처음에 블로그를 개설할 때 설정했던 일상·생각을 그대로 놔 두고, 일상을 올린다는 생각으로 제 경험을 쌓아 갔습니다. 그렇게 쉽게 일상 속 후기를 포스팅하며 글 쓰는 연습을 하니, 블로그 글을 쓰는 게 어렵지 않았어요. 그러나 블로그를 계속 운영하며 블로그의 목적에 따라 주제를 정해야 한다는 것을 알게 되고는 교육·학문으로 주제를 바꿔 카테고리를 정비했습니다. 그제서야 교육에 관련된 전문적인 글을 쓰기 시작했지요.

제 경우에는 처음부터 주제를 교육·학문으로 정했다면 글을 쓰는 게 쉽지 않아 포기했을 거예요. 하지만 쉬운 일상 속의 글로 연습을 한 뒤라 글쓰기가 어렵지 않게 느껴졌습니다.

주제를 유지하는 것도 중요하지만, 지금까지 해 왔던 것과 다른 목적의 블로그로 만들고 싶다면 새로운 주제에 맞는 글을 쌓아 가면 됩니다. 처음부터 어렵게 생각하며 고민하지 말고, 쉽게 쓸 수 있는 주제를 정해 먼저 글 쓰는 습관을 들이기를 바랍니다.

아무리 고민해도 어떤 것을 주제로 정할지 모르는 사람이라면 수익형 블로그에 적합한 비즈니스·경제를 추천합니다. 우리가 매일 듣는 뉴스의 모든 주제가 비즈니스·경제와 연관돼 있습니다. 새롭고 인기 있는 키워드를 찾기가 쉽고, 많은 사람들이 검색하곤 하기 때문에 방문자 유입을 늘리기가 쉽습니다. 부동산이나 주식, 재태크, 경제 용어 등 카테고리를 다양하게 나눌 수 있고, 그날그날 이슈가 된 뉴스를 써도 되기 때문에 글을 발행하기가 편리합니다.

블로그 주제를 정했다면 주제에 맞는 블로그명과 별명을 정해야 합니다. 별명은 이웃이 기억하기 쉽고 자신을 잘 드러내는 것이면 좋습니다. 저는 개인적으로 한글 고유명사를 활용한 별명을 좋아합니다.

흔한 보통명사 등은 다른 것으로 먼저 검색되기 쉽고 영어로 된 별명은 기억에 잘 남지 않기 때문에 새롭게 만든 한글 고유명사를 추천합니다.

수강생 중에 제가 만들어 드린 별명을 예를 들어 볼게요. 월 천만 원을 벌고 싶고, 비즈니스·경제를 주제로 블로그를 운영하는 사람의 이름이 '정'으로 끝나서 '월천쩡이'라는 별명을 지어 드렸어요. 제주도에서 피부관리실을 운영하는 사장님에게는 '뷰티전도사'라는 별명을 권해 드렸답니다. 리뷰 블로거인 수강생은 이름의 마지막이 '진'으로 끝나고, 진짜 리뷰를 쓰고 싶다고 하여 '리뷰찌니'라고 지어 드렸답니다. 여러분도 자신을 잘 나타내는 별명을 만들어 보길 바랍니다.

블로그 정보

네이버ID 타입	개인	네이버 회원 가입시 선택한 타입 정보입니다.
연령그룹	정보가 없습니다. ☐ 연령 정보로 검색 및 추천 허용 내 블로그 글을 연령 정보로 구분하여 검색 결과로 노출하거나 추천할 수 있습니다. 내 연령 그룹은 네이버ID의 연령정보를 기준으로 설정됩니다.	
블로그 주소	https://blog.naver.com/junio2571 변경	네이버ID로 자동생성된 블로그 주소를 단 1회변경할 수 있습니다.
블로그명	조은쌤의 행복찾기	한글, 영문, 숫자 혼용가능 (한글 기준 25자 이내)
별명	조은쌤	한글, 영문, 숫자 혼용가능 (한글 기준 10자 이내)
소개글	둘이 합쳐 90살! 신혼부부의 일상과 리뷰 블로그 수익화 방법에 대해 포스팅하고 있어요^^ 문의사항은 댓글 달아주시면 바로 답글드립니다.	블로그 프로필 영역의 프로필 이미지 아래에 반영됩니다. (한글 기준 200자 이내)

블로그 정보 페이지. 자신의 블로그명과 별명, 소개글 등을 설정할 수 있다.

블로그명은 나를 알리거나 노출시키는 데 매우 중요합니다. 네이버에서 검색하면 별명이 아닌 블로그명으로 블로그가 노출이 되기 때문에 검색한 사람이 정보를 신뢰할 수 있도록 정하는 것이 좋습니다.

저는 교육학을 전공했고 교사로서의 경력도 많아서 가르치는 것이 익숙했습니다. 그래서 별명을 '조은쌤'이라 짓고, 블로그명을 '조은쌤의 행복찾기'로 정했습니다. 검색하는 사람들에게 조은쌤이라는 별명이 보여 더욱 신뢰감을 갖고 글을 읽도록 유입시키는 데 도움이 됐습니다. 이렇듯 여러분도 블로그명을 정할 때 별명을 넣거나 주제가 드러나는 이름으로 만들 것을 추천합니다.

검색 결과에 블로그명이 검색되고 있다.

블로그 타이틀, 컴맹도 꾸밀 수 있다

블로그 주제와 별명, 블로그명을 정했다면 블로그 타이틀과 스킨을 정해 자신만의 블로그를 꾸며 보세요. 미리캔버스나 캔바 등으로 자신만의 블로그 타이틀을 만들기도 하지만, 먼저 네이버에서 제공하는 기본 타이틀을 설정하는 방법을 알려 드리겠습니다.

1. '블로그 관리'-'블로그 꾸미기'에서 스킨을 선택해 주세요. 참고로 저는 솜사탕 스킨을 사용하고 있어요. 원하는 스킨을 선택한 후에 아래쪽 '스킨 적용'을 클릭해야만 선택한 스킨이 블로그에 반영됩니다.

2. 디자인 설정에서 '타이틀 꾸미기'를 클릭하면 아래와 같은 화면이 오른
   쪽에 나타납니다.

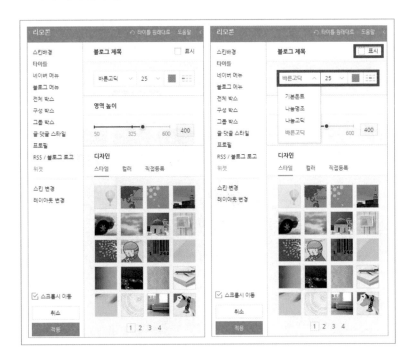

3. 블로그 제목을 미리캔버스로 만들었다면 '표시' 앞의 네모칸을 눌러 제
   목이 표시되지 않도록 하고, 네이버에서 제공하는 타이틀을 사용하려면
   블로그 제목을 꾸며 주세요. 위의 오른쪽 그림에서 빨간색으로 표시한
   부분을 보면 크기와 색깔, 위치를 선택할 수 있어요.

4. 다양한 타이틀 디자인을 클릭해 보고 마음에 드는 것으로 설정한 후에 '적용'
을 클릭하면 블로그 타이틀이 완성됩니다. 자신이 만든 타이틀이 있다면 '직
접 등록' 버튼을 눌러 자신만의 디자인으로 설정하면 됩니다.

5. 블로그 꾸미기에서 타이틀과 어울리는 '네이버 메뉴', '블로그 메뉴' 등을 선택할 수 있으니 나만의 블로그로 꾸며 보면 좋습니다. '네이버 메뉴'는 블로그 오른쪽 상단에 보이는 메뉴로 색감이나 스타일을 설정할 수 있고, '블로그 메뉴'는 그 아래 줄 메뉴에서 다양한 스타일로 설정할 수 있습니다.

6. 세부 디자인 설정 리모콘에는 글, 댓글 스타일을 설정하는 기능도 있습니다. 글의 컬러와 스타일, 댓글 스타일을 원하는 대로 설정할 수 있습니다.

카테고리 정할 때 알아야 할 C-RANK

블로그의 주제와 별명, 블로그명을 정하고 타이틀을 만들었다면 다음으로 카테고리를 정해야 합니다. 카테고리는 큰 카테고리와 작은 카테고리로 나뉘는데, 큰 카테고리는 세 개를 넘지 않는 것이 좋습니다. 자신이 정한 주제와 어울리는 카테고리 위주로 글을 써야 네이버가 말하는 C-RANK 알고리즘에 적합한 블로그가 돼 상위 노출이 쉬워집니다.

여기서 C-RANK란, 검색 랭킹의 정확도를 높이기 위해 사용되는 기술 중 문서 자체보다는 해당 문서의 출처인 블로그의 신뢰도를 평가하는 알고리즘을 말합니다. C-RANK 알고리즘에서 블로그 신뢰도를 평가할 때는 다음과 같은 요소를 종합적으로 계산하며, 그 결과는 블로그 검색 랭킹에 일부가 반영됩니다.

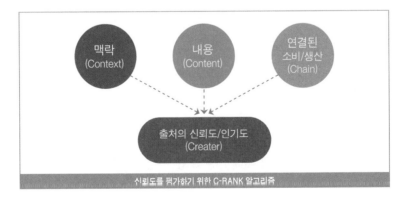

신뢰도를 평가하기 위한 C-RANK 알고리즘

블로그 전체에서 생성된 문서의 주제 분포로 특정 주제에 대한 집중도가 어느 정도 되는지를 계산합니다. 그러므로 C-RANK의 반영 비중이 높을수록, 특정 주제에 대한 자신만의 포스팅이 늘어날수록 검색 결과에 더욱 잘 노출될 수 있습니다. 즉, 블로그 주제에 맞는 카테고리를 만들어 글을 꾸준히 쌓아 가면 그렇지 않은 블로그에 비해 더 상위에 노출되고, 이로 인해 방문자 수가 많아져 수익화가 쉬워진다는 뜻이에요.

카테고리를 정할 때는 자신이 꾸준히 글을 쓸 수 있는 주제를 정해 큰 카테고리를 만든 다음, 이를 더욱 작은 카테고리로 나눠 주면 됩니다. 그중 양질의 글을 꾸준히 발행할 수 있는 카테고리를 가장 위쪽에 만들어 주세요.

다만 주제에 맞는 정보성 글만 매일 발행하기는 매우 힘들기 때문에, 큰 카테고리를 따로 만들어 리뷰나 일상 등을 포스팅해도 무방합니다. 이런 카테고리의 글은 쉽게 글을 발행할 수 있어서 블로그의 지속성을 높여 줍니다. 다만 주제와 부합하는 카테고리의 글만 발행하는 블로그보다는 C-RANK가 떨어질 수 있음에 유의해야 합니다.

제 블로그는 다음과 같이 주제가 교육·학문이기 때문에 교육과 관련된 큰 카테고리를 만든 뒤, 작은 카테고리로 교육 관련 정보를 세분화했습니다. 그리고 일상 카테고리를 만들어 맛집이나 여행 등 주제와 관련 없지만 쉽게 쓸 수 있는 글을 모아 두었어요.

오른쪽은 반려동물에 대해 주로 쓰는 수강생의 블로그 카테고리입니다. 고양이와 강아지로 큰 카테고리를 나누어 각각 작은 카테고리로 비슷한 글을 묶은 다음, 리뷰 카테고리를 따로 만들어 일상 속 리뷰를 올렸어요.

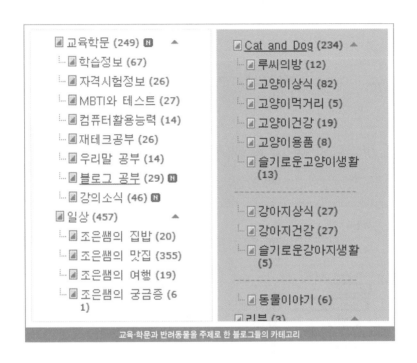

교육·학문과 반려동물을 주제로 한 블로그들의 카테고리

저는 처음 블로그를 시작할 때 주제의 중요성에 대해 몰랐지만, 이후 주제의 중요성에 대해 배운 다음에는 한 가지로 주제를 정하고, 학습 정보나 시험 정보, MBTI 등에 대해 포스팅하면서 방문자 수가 급등했습니다. 여러분도 블로그의 주제를 정했다면 그것에 맞는 카테고리를 설정해 보길 바랍니다. 그러면 카테고리를 설정하는 방법을 알아보겠습니다.

1. '블로그 관리'-'메뉴·글·동영상 관리'-'카테고리 관리'로 들어가세요.

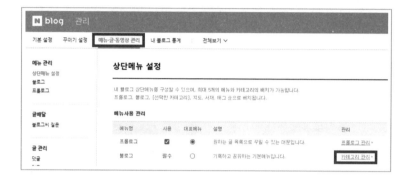

2. '카테고리 전체보기'를 클릭한 상태에서 '카테고리 추가' 버튼을 누르면 큰 카테고리가 추가됩니다.

3. 카테고리명을 정하고 공개, 주제 등을 설정해 주세요. 글보기는 앨범형 으로 선택해 쉽게 볼 수 있게 설정해 주세요.

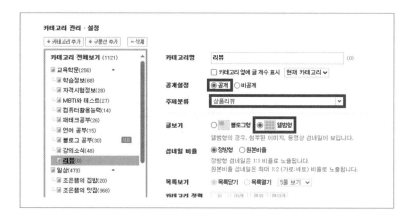

4. 카테고리 아래에 작은 카테고리를 추가하려면 큰 카테고리를 클릭한 상 태에서 '카테고리 추가'를 클릭하세요.

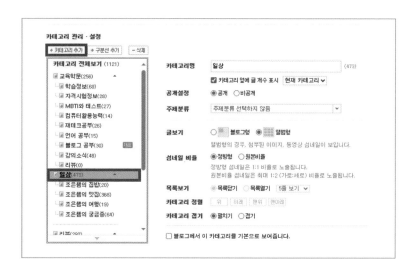

5. 카테고리의 순서를 바꾸려면 카테고리 정렬에서 위, 아래 버튼을 클릭
   하세요.

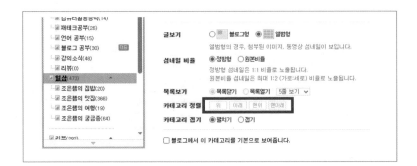

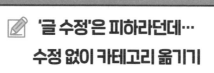

카테고리를 잘못 지정해 다른 카테고리로 이동시키고 싶을 경우에 글을 수정하지 않고 이동만으로 카테고리를 변경하는 방법을 알아보겠습니다.

대개의 경우 글을 발행한 후에는 되도록 수정하지 말라고 합니다. 부득이 카테고리를 변경하고자 할 때는 글을 수정하지 않고 이동시키는 방법을 사용하는 것이 좋습니다. 글 이동은 블로그 앱이 아닌 PC 버전에서만 가능합니다.

1. PC 버전에서 글 오른쪽 위의 글 목록을 열어 주세요. 프롤로그에는 보이지 않고 블로그 탭으로 들어가면 상단에 '목록열기'가 보여요. '목록열기'를 클릭해 주세요.

공지 홈페이지형 블로그 만들기 쉽게 알려드릴게요 (8)		2023. 11. 1.
공지 블로그로 돈버는 8가지 방법 : 블로그 강의 자료 (12)		2023. 1. 4.
공지 왕초보도 블로그 수익으로 한달에 100만원씩 벌 수 있다고? (8)		2022. 12. 20.
교육학문 255개의 글		목록열기

2. '목록열기'를 클릭하면 왼쪽 아래에 '글관리 열기'라는 버튼이 보일 거예요.
'글관리 열기'를 클릭해 주세요.

3. '글관리 열기'를 클릭하면 아래와 같이 글을 선택할 수 있게 활성화됩니다.
카테고리를 변경하고자 하는 글의 제목을 클릭한 다음, 아래쪽의 '이동'을
클릭하세요.

4. '이동'을 클릭하면 아래와 같이 '글 이동' 탭이 뜹니다. 오른쪽 카테고리를 클릭해 이동하고자 하는 카테고리를 선택하세요. 카테고리가 잘 선택됐는지 확인한 후 '확인' 버튼을 클릭하면 글 이동이 완료됩니다.

5. '글관리 닫기'를 누른 다음 카테고리로 이동해 글이 잘 이동했는지 확인해 보세요.

✍️ 프롤로그형 디자인 :
블로그 성격을 보여 줄 때

블로그 디자인은 PC와 모바일에서 다르게 설정할 수 있습니다. 먼저 PC에서는 목적에 따라 프롤로그형과 홈페이지형, 프로필형으로 나눌 수 있습니다. 프롤로그형은 보여 주고 싶은 카테고리를 가장 먼저 보여 줌으로써 자신의 블로그가 어떤 성격인지 알려 줄 수 있습니다. 홈페이지형 블로그는 카테고리를 블로그 타이틀에서 클릭할 수 있게 만들어 업체나 개인 브랜딩에 많이 쓰입니다. 마지막으로 프로필형은 블로그의 진입 페이지를 보여 주고 싶은 화면으로 꾸밀 수 있는 방법입니다. 작가라면 책을 소개할 수 있고, 강사라면 자신의 프로필을 활용해 홍보할 수 있습니다.

여기서는 프롤로그형과 프로필형 설정법을 알려 드리고, 홈페이지형 블로그 설정법은 뒤에서 자세히 다루겠습니다.

프롤로그형, 프로필형, 홈페이지형 블로그 디자인 설정

프롤로그형 블로그는 앞의 사진 중 첫 번째와 같이 보여 주고 싶은 카테고리를 사진 형태로 보여 줌으로써, 방문자에게 블로그의 성격과 주제를 한눈에 알아볼 수 있게 해 줍니다. 저는 맛집 체험을 다닐 때 맛집 전문 블로거로 보이기 위해서 맛집 카테고리만 보이도록 설정해 두어 체험단에 쉽게 선정됐습니다. 현재는 뷰티 관련 체험을 많이 받아 미용 카테고리를 프롤로그에 보이도록 설정해 두었답니다. 프롤로그로 대표 메뉴를 설정하지 않으면 오늘 쓴 글이 먼저 보여서 블로그의 주제나 방향을 알 수가 없습니다. 나를 알리는 브랜딩의 시작, 프롤로그 설정법을 지금부터 알아보겠습니다.

1. '블로그 관리' 클릭 후 '메뉴·글·동영상 관리' 탭을 클릭하세요. 상단 메뉴 설정에서 프롤로그 '사용'을 클릭하고 '대표 메뉴'를 프롤로그로 클릭하세요.

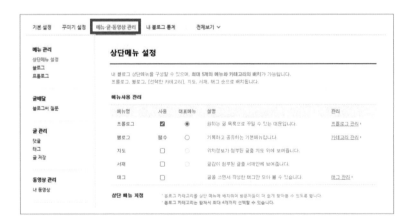

2. 아래쪽 '확인' 버튼을 눌러 설정을 저장하세요. 버튼을 클릭하지 않으면 프롤로그가 대표 메뉴로 설정되지 않습니다.

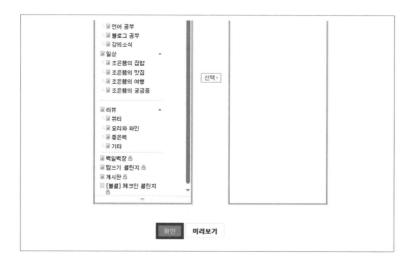

3. 다시 위쪽으로 올라가 '메뉴 사용 관리' 아래 오른쪽의 '프롤로그 관리' 를 클릭하세요.

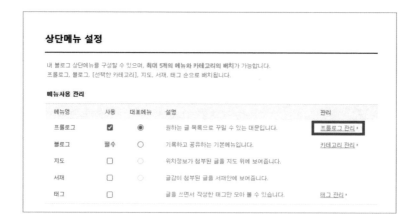

4. '이미지 강조'를 클릭한 다음 자신이 가장 먼저 보여 주고 싶은 카테고리를, '변경' 버튼을 클릭한 다음 선택하세요.

5. 선택한 카테고리를 '3줄'로 설정한 다음, 자신이 더 보여 주고 싶은 카테고리도 같은 방법으로 아래쪽 '변경' 버튼을 누른 다음 선택합니다.

6. 설정이 완료됐으면 '확인' 버튼을 누르고 블로그 홈으로 가서 설정 상태를 확인합니다.

✒️ 프로필형 디자인 :
강사, 작가 등 브랜딩이 필요할 때

프로필형은 프로필 사진이나 저서, 업체 사진 등을 블로그 메인 화면에 보이도록 하는 디자인 방법입니다. 사진과 함께 이를 설명하는 글을 보이게 하여 블로그 방문자들에게 나를 알리기 위한 블로그 세팅의 첫 번째 과정이라고 할 수 있어요. 프로필형 블로그 설정법은 앞에서 알려 드린 프롤로그형 설정과 비슷합니다.

1. 블로그 소개에서 '프로필'을 클릭해 자신만의 프로필을 만들어 보세요.

2. '블로그 관리'에 들어가 '메뉴·글·동영상 관리' 탭을 클릭하세요. 상단 '메뉴 설정'에서 프롤로그 '사용'을 체크하고 '대표 메뉴'를 '프롤로그'로 체크하세요. 이때 아래쪽 '확인' 버튼을 눌러 설정을 저장하는 것을 잊지 마세요.

3. 오른쪽의 '프롤로그 관리'를 클릭한 다음 '프로필 걸기'를 클릭한 후에 '확인'을 눌러 저장하세요. 블로그 홈으로 가서 설정이 잘 됐는지 확인해 보세요.

✏️ 유입자 70% 차지하는
모바일 유저를 위한 블로그 설정

대부분의 사람들은 궁금한 게 생기면 휴대폰으로 검색을 합니다. 제 블로그의 경우, 모바일 검색으로 유입되는 경우가 전체 유입의 70%를 넘습니다.

이번에는 모바일로 블로그 설정하는 방법을 알아보겠습니다. 모바일에서 블로그 설정은 앱으로만 할 수 있습니다. 플레이스토어_{안드로이드} 또는 앱스토어_{애플}에서 네이버 블로그 앱을 먼저 설치한 다음 로그인해 주세요.

제 모바일 블로그의 기본화면은 아래와 같아요. 사진과 홈 스타일은 원하는 대로 설정할 수 있어요. 우선 홈편집을 클릭해 자신만의 이미지로 홈의 첫 화면을 꾸밀 수 있고, 커버 스타일 변경도 가능합니다.

모바일 앱에서 열어 본 조은쌤의 행복찾기 첫 화면

'홈편집'을 클릭한 다음 활성화되는 아래쪽의 '+' 버튼을 누르면 다양한 기능을 사용할 수 있습니다. 브랜딩을 위해 대표글을 설정하거나 SNS와 연동할 수 있고, 외부 채널의 글을 보여 줄 수도 있습니다. 오른쪽 정렬 버튼으로 대표글이나 인기글, SNS 순서를 조정할 수 있어서, 원하는 글을 먼저 보이도록 하는 것도 가능합니다. 또는 공지사항을 설정해 두면 공지사항이 가장 위쪽에 보이니 참고해 주세요.

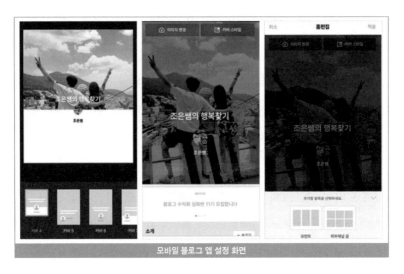

모바일 블로그 앱 설정 화면

홈편집 기능 중 첫 번째로 인기글·대표글 설정을 설명해 드리겠습니다. 인기글은 자신의 글 중 최근 조회 수가 높은 글 순서대로 방문자에게 보입니다. 대표글로 보여 주고 싶은 글을 설정하면 대표글이 맨 위에 보여 자신을 브랜딩하거나, 블로그의 성격을 보여 주는 도구로 활용할 수 있습니다. 또는 수익화를 위해 업체 소개글이나 제휴 마

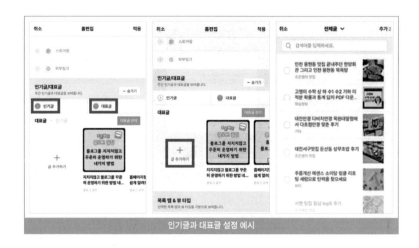

인기글과 대표글 설정 예시

케팅 글 등 방문자에게 노출시키고 싶은 글을 지정해 둘 수 있습니다.

두 번째 기능은 외부 채널을 연결시키는 것입니다. 유튜브나 인스타그램, 페이스북 등 자신의 블로그와 연결해 개인 브랜딩을 하는 사람에게는 꼭 필요한 기능이지요. 인스타그램이나 유튜브 URL을 복사한다음, 각각의 채널에 붙여 넣고 오른쪽 위의 '적용' 버튼을 누릅니다. 그러면 다음과 같이 블로그 홈 화면 아래에 링크가 나열되고, 링크를클릭하면 해당 채널로 이동합니다.

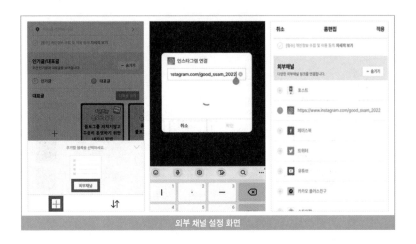

외부 채널 설정 화면

 세 번째 기능은 외부 채널 글을 블로그에서 보이도록 설정하는 것입니다. 보여 주고 싶은 인스타그램 행사나 유튜브 동영상 URL을 복사해 붙여 넣으면, 글이 보이면서 클릭을 유도합니다. 브랜딩이나 행사 홍보 등에 사용하면 좋습니다. 이 외에도 업체 홈페이지나 스마트스토어, 랜딩페이지 등을 연결해 두면 블로그를 통해 유입된 방문자가 판매나 업체 수익에 연결될 수 있으니 잘 활용하기 바랍니다.

모바일 블로그가 제공하는 통계 데이터

≔	블로그 카테고리	👥	이웃목록 보기
💬	안부글 보기	📈	블로그 통계

모바일 앱에서 통계 버튼을 누르면 나오는 통계 자료

통계 버튼을 클릭하면 다양한 인사이트를 볼 수 있습니다. 이 인사이트를 잘 활용하면 블로그의 성장에 도움이 됩니다. 인사이트 활용이 낯선 사람을 위해 각각의 탭을 설명해 드리겠습니다.

1. 일간 현황

오늘 또는 특정 기간의 조회 수, 방문 횟수, 조회 수 순위, 유입 경로, 성별·연령별 분포를 알려 주는 탭입니다. 어떤 글이 어떤 사람에게 인기가 많았는지, 어느 채널로, 어떤 키워드를 통해 유입됐는지 알 수 있어요. 아래쪽 블로그 예상 수익 확인을 통해 어떤 글의 클릭이 수익으로 연결됐는지도 알 수 있습니다. 그 밖에 블로그 평균 데이터를 확인해 내 블로그의 위치를 확인할 수 있습니다. 모먼트 데이터 분석과 동영상 통계 분석으로 내가 올린 모먼트와 동영상의 인기도 체크 가능합니다.

2. 방문 분석

일간, 주간, 월간 조회 수와 순방문자 수, 방문 횟수, 평균 방문 횟수, 재방문율, 평균 사용 시간 등 방문자들의 이용 현황을 볼 수 있어요. 이 중 블로그 지수와 연관된 것은 순방문자 수 대비 조회 수와 평균 사용 시간입니다. 네이버는 방문자가 글을 읽고 다른 글도 클릭해 조회 수가 올라가면 좋은 블로그로 판단합니다. 그만큼 블로그 지수에 중요한 데이터가 되지요. 평균 사용 시간이 많다는 것 또한 좋은 블로그라고 판단하게 합니다. 평균 사용 시간이 짧은 글을 많이 올리는 것은 결과적으로 블로그 지수에 좋지 않습니다.

3. 사용자 분석

유입 분석, 시간대 분석, 성별·연령별 분포, 기기별 분포, 이웃 방문 현황, 이웃 증감 수, 이웃 증감 분석, 국가별 분포를 보여 주는 탭이 있는데요. 각각 블로그에 방문하는 이용자의 성향을 알려 주므로 이를 활용하면 더 많은 유입을 기대할 수 있습니다. 시간대 분석의 경우, 이웃이 많이 오는 시간대에 새 글을 발행하면 글의 조회 수를 올리는 데 유리합니다. 이를 활용해 발행 시간대를 정해 두면 블로그를 키우는 데 더욱 좋겠지요.

4. 순위

조회 수와 공감 수, 댓글 수 순위를 일간, 주간, 월간으로 분석해 주는 탭입니다. 순위 분석을 통해 방문자의 니즈를 파악할 수 있습니다.

5. Creator Advisor

통계 오른쪽 상단에 작은 아이콘인 Creator Advisor는 블로거들이 궁금해하는 것을 모아 놓은 곳입니다. 가장 먼저 실시간 유입 검색어와 과거 현황을 비교해 줍니다. 통합 데이터와 유입 분석, 리워드 등으로 채널 인사이트를 보여 줘 블로그에 대해 다양한 분석을 할 수 있습니다. 트렌드 탭에서 주제별, 성별, 연령별 인기 유입 검색어를 볼 수 있어서 현재 인기 있는 키워드를 찾을 수 있는 도구가 돼 줍니다. 자신의 주제에 맞는 인기 키워드로 글을 작성하면 방문자 유입에 도움이 돼 저도 자주 이용하고 있어요. 블로그 마켓을 운영하는 사람이라면 비즈니스 탭에서 마켓 인사이트를 얻을 수 있습니다. 그밖에도 이 탭으로 블로그 운영에 많은 도움을 받을 수 있답니다.

PART 4

상위 노출을
노리는 실전 꿀팁

✍️ 무조건 포스팅을 해 보자

지금까지 블로그 주제와 카테고리, 블로그 세팅 등 블로그 디자인을 마쳤다면 이제부터는 포스팅을 쌓아야 합니다. 저도 얼마 전까지 왕초보였기에 처음 글을 쓸 때의 막막함과 어려움을 너무나 잘 압니다. 내 글을 누군가 보고 평가하지 않을지, 마음먹고 쓴 글이 이상하지 않을지 고민되지요. 또 글을 잘 쓰려다 보니 포스팅 하나 발행하는 데 걸리는 시간이 생각보다 너무 길어지곤 합니다. 심지어 두세 시간이 걸릴 때도 생기지요. 이런 일이 반복되면 블로그에 글 쓰는 일이 부담스럽게 느껴지고, 블로그로 이루려던 처음의 목표는 슬그머니 작심삼일 목록에 들어가 버리고 말지요.

이런 일을 흔히 겪는 초보자들에게 저는 강의 때마다 강조하곤 합니다. 블로그는 책을 쓰거나 논문을 쓰는 곳이 결코 아니라고, 단순히 자신의 경험을 다른 사람들에게 공유하는 공간이라고요. 편한 친구에게 알려 주듯 쉽게, 그러나 알려 줘야 할 정보를 빼먹지 않고 친절하게 글을 쓴다면 읽는 사람이 고마움을 느끼게 되겠지요.

처음 블로그를 시작하는 사람은 대부분 그날의 일상을 일기처럼, 자신의 느낌을 담아 에세이 형식으로 적습니다. 그런 에세이는 처음 방문한 서로이웃이 한두 번 '좋아요'를 눌러 주고는 더 이상 읽히지 않습니다. 사람들은 당신의 일기를 궁금해 하지 않기 때문이에요.

여러분은 네이버 검색창에서 무엇을 검색해 블로그로 들어가 글을 읽나요? 글을 쓰기 전에 읽는 사람의 입장을 먼저 생각해 보면 블로그에 어떤 글을 써야 할지 감이 올 거예요.

우리가 네이버 검색으로 찾는 글은 대부분 오늘 가고 싶은 동네의 맛집이나 여행 가기 전의 여행지 정보, 어제 못 본 드라마의 줄거리, 먹거리의 효능이나 레시피, 연예 프로에서 나온 소식의 자세한 정보, 뉴스에 나온 지원금 받는 법 등일 거예요. 이렇듯 사람들이 궁금해하는 것을 먼저 해 보고 후기를 친절하게 적거나, 미리 검색해 다양한 정보를 한곳에 적어 둔다면 그 글을 보기 위해 방문자 수는 기하급수적으로 늘어날 수 있습니다.

블로그에 처음 글을 쓰거나 그동안 그냥 일기를 써 왔던 사람이라면 지금부터 휴대폰 카메라를 들고 자신이 하는 모든 경험을 정성스럽게 사진을 찍어 두세요. 오늘 당신이 경험한 모든 것이 후기가 될 수 있고, 사람들이 궁금해하는 것일 수 있습니다. 대신 그것을 검색하는 사람의 입장에서 편하게, 조금씩 나눠 글로 적으면 됩니다.

예를 들어 이번 주말에 경주 여행을 간다면 여행 가기 전에 '경주 여행 코스 알아보기'로 글을 쓸 수 있겠지요. 여행 간 날 밤 묵은 숙박업소의 가격, 분위기, 들어가는 입구, 시설 등으로 하나의 글을 쓸 수 있고, 경주 여행에서 들렀던 맛집을 각각 쓸 수 있어요. 경주 곳곳의 관광 명

소만으로 또 하나의 포스팅이 완성될 수 있답니다. 이렇게 여행 한번 다녀오면 적어도 네 개에서 많게는 열 개의 포스팅을 할 수 있어요.

저도 처음 블로그 포스팅을 시작했을 때는 무엇을 써야 할지 막막했어요. 책을 읽고 서평을 쓰는 데 세 시간이 넘게 걸렸어요. 처음 쓰는 글이라 더 잘 쓰려고 노력하기도 했지만, 어떻게 써야 많은 사람이 방문하는지 지식이 없었습니다. 그렇게 세 편의 서평을 3일간 쓰고 나니 너무 힘들어서 블로그를 그만두고 싶어지더군요. 그러다 블로그 수익화에 관한 여러 강의를 듣고 책을 읽으며 다른 관점으로 글을 쓰기 시작했습니다. 구매한 모든 제품에 대한 후기를 쓰고, 제가 한 경험을 정보와 함께 적어 나가기 시작했습니다. 저와 같은 주제로 쓴 상위 블로거들의 글을 보며 벤치마킹했고, 글을 쓰는 노하우와 글들이 함께 쌓이기 시작했습니다.

여러분이 열심히 찍은 모바일 갤러리 속 사진으로 쉽게 포스팅을 시작해 보세요. 블로그 앱과 PC를 같이 사용하면 글을 효과적으로 빨리 쓸 수 있습니다. 모바일로 글을 쓰는 사람도 많지만 저는 주로 PC를 이용했습니다. 저는 그편이 훨씬 쉽고 빠르게 글을 쓸 수 있었어요. 그러나 모바일이 더 편한 경우에는 블루투스 키보드를 이용해 쓸 것을 추천합니다.

그럼 지금부터 쉽게 글 쓰는 방법을 순서대로 알아보겠습니다.

1. 여러분이 경험한 곳이나 제품 사진을 10장 이상 찍은 후에 블로그 앱을 클릭합니다. 블로그 앱 하단에 '글쓰기'를 클릭하세요.

2. 제목을 먼저 쓴 뒤, 사진 아이콘을 클릭해 찍어 둔 사진을 올릴 순서대로 클릭하고 '첨부' 버튼을 누르세요.

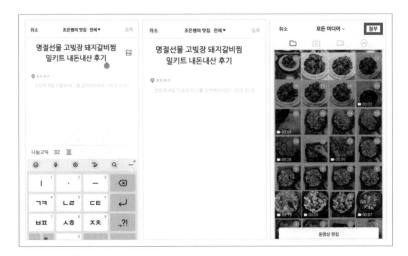

3. '저장' 버튼을 눌러 사진을 저장한 다음 PC에서 '글쓰기' 버튼을 클릭해 글을 씁니다. 글을 다 쓰고 나면 '저장' 버튼을 눌러 저장된 글을 불러옵니다.

4. 올린 사진마다 아래쪽에 사진에 대한 설명 글을 서너 줄씩 써 주세요. 이때 오른쪽 아래의 PC 모양 아이콘을 클릭하면, 글쓰기 화면을 모바일 버전이나 태블릿 버전으로 변환할 수 있습니다. 되도록 모바일 버전으로 글을 써 주세요.

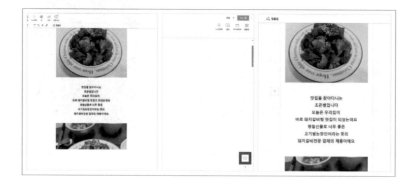

5. 글을 완성한 후에는 카테고리와 주제, 글 공개 여부, 발행 설정, 해시태그를 입력한 다음 '발행' 버튼을 누르면 포스팅이 완성됩니다. 아래와 같이 댓글과 공감, 검색, 공유를 허용해 두면 자신의 글을 방문자가 스크랩할 수 있어 블로그 지수에 도움이 됩니다.

6. 맛집이나 명승지 등은 장소 아이콘을 클릭해 지도가 글에 보이도록 해 주세요.

7. 지도상의 장소 이름을 맛집이나 명승지 이름으로 검색해 넣어 주세요.
   장소를 넣어 주면 네이버에서 검색했을 때 플레이스 홈, 블로그 리뷰 탭에 내
   글이 검색되어 많은 사람에게 노출됩니다.

돈이 되는 글쓰기는 따로 있다

앞에서는 쉬운 글쓰기 방법에 대해 알아보았습니다. 이제부터는 진짜 방문자 수를 올리고 수익화를 위한 글쓰기 방법을 알려 드릴게요. 방문자 수가 많다는 것은 사람들이 궁금해하는 주제의 글이 네이버 검색 결과의 상위에 노출됐다는 뜻이에요. 네이버는 현재 가장 접속이 많은 검색 사이트이기 때문에 마케팅을 위해 다양하게 이용되고 있어요. 특히 일반인의 후기나 글이 대부분을 차지하는 블로그는 사람들이 무언가를 선택할 때 검색하는 곳이기 때문에 블로그 마케팅이 일반화되어 있습니다. 지금 이 글을 읽고 있는 독자 여러분도 얼마 전에 휴대폰으로 검색해 읽은 글이 블로그 글일 거예요.

그렇다면 어떻게 쓰는 것이 수익화를 위한 글일까요?

먼저 사람들이 궁금해하는 주제 및 단어로 글을 쓰되, 다양한 정보를 수집해 누구보다 양질의 전문적인 글을 써야 해요. 이런 글은 나중에 설명하겠지만, 네이버가 좋아하는 글에 속하게 됩니다. 이런 글이 쌓이면 블로그 질이 높아지면서 상위에 자주 노출됩니다. 마케팅 업체에서는 이런 블로그를 섭외해 홍보하고 싶은 제품에 대한 글을 유료로 쓰도록 제안하게 되지요. 이런 제안이 오기까지 사람들이 궁금해하는 정보성 글을 꾸준히 발행하면 수익화하기가 보다 더 쉬워집니다.

사람들이 궁금해하는 정보성 글이 어렵다고 느껴진다면 맛집 후기에도 얼마든지 정보를 넣어 양질의 글을 쓸 수 있어요. 사람들이 맛집을 검색하는 이유는 맛과 분위기, 메뉴 구성과 가격 등의 정보를 얻기 위함이지요. 즉 단순한 맛집 후기라도 주관적인 느낌만을 적는 것이 아니라, 이용시간과 휴무일, 할인정보 등 사람들이 궁금해할 만한 정보를 모두 적어 만족할 만한 글을 쓰는 것이지요. 이런 글들이 쌓이면 맛집 전문 블로거가 되어 다양한 맛집 협찬과 원고료를 받을 수 있어요.

이것은 맛집뿐만 아니라 모든 주제의 글에 해당됩니다. 여행 후기를 쓰는 블로거의 경우, 출발 전 준비사항, 여행지 날씨, 숙박시설, 가 볼 만한 곳과 이용 방법, 이용 가격 등 정보를 자세히 올린다면 검색하는 사람의 입장에서 궁금증을 해결해 주므로 좋은 글이 됩니다. 이런 글은 네이버도 좋아하기 때문에 결과적으로 여행 관련 협찬 등 다양한 수익화가 가능해집니다.

블로그는 나만의 공간이라 일기 같은 글을 쓰거나 나만 궁금해할 챌린지 후기 등을 쓰는 사람들이 많습니다. 물론 수익화에 관심이 없다면 누구도 궁금해하지 않을 개인적인 글의 기록용으로 블로그를 해도 좋습니다. 그러나 공개된 공간에 매일 글을 쓰는 블로거라면 사람들이 궁금해하는 것에 대한 답이 되는 글, 다른 사람에게 도움이 되는 내용을 정리해 수익까지 얻는 것이 더욱 좋지 않을까요?

블로그를 시작하는 사람들에게 제가 강조하는 것이 바로 일상에서 사진을 많이 찍으라는 것입니다. 내가 방문한 곳에 대한 정보가 되고, 사람들이 궁금해하는 것에 답할 수 있는 사진을 찍어야 해요. 맛집에 방문할 경우, 예전에는 포토존에서 셀카나 맛있는 음식 위주로 사진을 찍었다면, 블로그를 위해서는 맛집 입구부터 주차장, 전체적인 분위기, 메뉴판, 밑반찬 등을 찍어 주는 것이 좋습니다. 여행을 갈 경우에는 터미널이나 기차역 시간표, 요금표 등 평소에는 여행 가며 찍지 않았던 정보성 사진을 다양하게 찍어야 해요. 그동안 인물과 풍경 중심의 여행 사진을 찍어 왔다면 숙박시설과 명승지 가는 길 등 정보가 되는 사진을 찍어야겠지요.

그렇다면 휴대폰으로 사진을 잘 찍는 방법을 간단하게 알아보겠습니다.

첫 번째, 휴대폰으로 사진을 찍을 때 가장 중요한 것은 렌즈를 잘 닦는 것입니다. 항상 손에 들려 있는 휴대폰은 뒤쪽 렌즈가 자주 오염돼서 사진이 또렷하게 나오지 않을 때가 많아요. 안경닦이 등을 이용해 휴대폰 뒤쪽의 카메라 렌즈를 잘 닦아 주고, 뜨거운 음식이라면 김이 서리지 않고 또렷이 보이도록 찍어 줘야 합니다.

두 번째, 휴대폰의 카메라 기능 중에 '안내선'이라는 기능이 있어요. 이것을 설정하면 카메라 화면에 격자무늬 선이 보입니다. 안내선이 보이면 안정적인 구도로 사진을 찍을 수 있어요. 테이블이나 수평선 등 직선은 안내선과 수평을 맞춰 찍는 것이 좋습니다.

세 번째, 멀리 있는 것을 찍을 때 줌인을 하는 경우가 많은데 엄지와 검지를 이용해 벌리며 줌인하는 것보다 휴대폰을 터치해 배속을 바꿔 주면 휴대폰이 자동으로 초점을 맞추어 더욱 선명한 사진을 찍을 수 있어요. 또한 휴대폰에 보이는 피사체를 살짝 터치해 주면 요즘 스마트폰은 선명도나 밝기가 자동 조절되기 때문에 더 보기 좋은 사진을 찍을 수 있어요.

일부 휴대폰의 기능 중 음식 사진용 기능을 이용하거나 주변을 흐리게 만들고 음식만 강조돼 보이는 기능을 이용하면 더욱 선명하게 찍을 수 있습니다. 휴대폰을 가로 세로로 움직이며 찍어 주면 블로그에 올릴 때 구성을 다양하게 할 수 있어요. 특히 블로그의 대표 사진은 가장 잘 나온 것으로 올려야 방문자가 많아지므로 메인 요리 사진은 각도를 바꿔 가며 여러 장 찍는 것이 좋답니다. 그리고 15초 이상의 동영상을 찍어두면 블로그 포스팅에 활용해 동영상만으로도 포스팅이 노출되기도 하니 참고하세요.

✍️ 일주일 만에 방문자 200명 달성하는 서로이웃 관리

내가 먼저 경험한 것을 정성껏 사진 찍고 매일 열심히 포스팅해도 처음에는 방문자 수가 좀처럼 늘지 않습니다. 초보 블로거는 블로그 지수가 낮아 포스팅이 상단에 노출되기 쉽지 않기 때문이에요. 블로그 지수를 높이려면 좋은 글을 자주 써야겠지만 방문자들의 공감과 댓글도 영향을 줍니다. 그래서 초보 블로거는 서로이웃을 활용해야 합니다. 먼저 다른 블로거에게 다가가 소통을 유도하는 것이지요.

자신과 비슷한 관심사가 있거나 같은 지역을 방문한 블로거에게 서로이웃을 신청해 자신의 블로그를 방문하도록 유도해 주세요. 서로이웃의 공감과 댓글을 유도해 블로그 지수와 방문자 수를 늘릴 수 있습니다.

이 같은 서로이웃 추가에도 좀 더 많은 호응을 얻어 내는 방법이 있습니다. 먼저 자신이 쓴 글의 키워드를 네이버에서 검색합니다. 예를 들어 '대전 맛집 ○○○에서 가족모임 한 후기'라는 글을 썼다면 '대전 맛집'이라는 키워드로 네이버에서 검색합니다. 인플루언서나 인기 블로거들의 글이 검색되면 그 글을 클릭해 아래쪽의 댓글을 확인하세요. 상위 노출된 블로거나 인플루언서들은 기존의 이웃이 많아 새롭게 서로이웃을 추가할 수 없는 경우가 많아요. 서로이웃 수가 5,000

명으로 제한되어 있기 때문이지요. 대신 댓글을 달아 준 블로거들은 같은 주제의 글에 관심을 보이고, 댓글을 달아 소통을 잘하는 블로거일 확률이 높아서 그 블로거들에게 서로이웃을 신청하면 됩니다.

댓글 달기와 서로이웃 추가

서로이웃을 신청할 때는 기본 인사말을 삭제하고 자신을 소개하는 글을 따로 메모장에 적어 둔 후에 복사해 쓰면 시간을 절약할 수 있어요. 저는 다음과 같이 저를 소개했었답니다.

'안녕하세요. 신혼부부의 다양한 리뷰와 교육 이야기를 포스팅하는 조은쌤입니다. 관심사가 비슷해 보여 서로이웃 신청합니다. 소통하고 지내요^^'

기본 인사인 '우리 서로이웃해요'로 신청할 경우 서로이웃 신청을 받아 주지 않는 블로거들이 많습니다. 정성을 담아 인사말을 쓰는 것이 서로이웃 수를 쉽게 늘리는 방법입니다.

서로이웃 신청 시 짧고 정감 있는 인사말을 입력하면 수락 확률이 높다.

저는 이런 식으로 약 2주간 서로이웃이 1,000명이 될 때까지 서로 이웃 추가를 했습니다. 하루에 서로이웃으로 추가할 수 있게 정해 놓은 인원이 100명이라 그보다 많은 인원을 신청하면 초과 메시지가 뜹니다. 저는 이런 메시지가 뜰 때까지 매일 같은 작업을 반복했어요. 이 작업이 조금 힘들고 지루하게 느껴질 수 있지만, 블로그를 키우겠다는 목표가 확실했기 때문에 포기하지 않고 해냈습니다.

서로이웃을 신청하고 나면 내 블로그로 답방을 와 댓글과 공감을 남기는 블로거들이 많아집니다. 그런 경우에는 다음 날 이웃의 블로그를 방문해 글을 읽고 댓글을 달고 오면 서로 소통하게 되고 친해집니다. 이런 노력이 모여 저는 블로그에 글을 쓴 지 일주일 만에 방문자 수가 200명을, 2주차에는 300명을 넘었습니다. 시간과 노력이 필요한 일이지만, 방문자 수를 단기간에 올린 덕분에 일주일 만에 원했던 체험단에 선정될 수 있었습니다.

그러나 일 방문자 수는 300명대에서 더 오르지 않았습니다. 서로이웃과의 소통만으로는 방문자 수를 올리는 데 한계가 있었던 거지요. 방문자 수를 획기적으로 올리기 위해서는 사람들이 궁금해하는 글을 써야 하고, 그런 글들이 상위 노출돼야 한다는 것을 알게 됐습니다.

블로그를 운영하면서 서로이웃이 많아지면 새 글을 볼 수 있는 이웃이 500명으로 제한됩니다. 나와 자주 소통하는 이웃의 새 글을 볼 수 있게 설정하고, 소통하지 않는 이웃의 새 글을 보이지 않도록 설정하면 효율적으로 방문자 수를 더 늘릴 수 있습니다.

내 블로그 소개 아래쪽의 '블로그 관리'-'기본 설정'-'이웃 관리'-'내가 추가한 이웃' 탭으로 들어가면 아래와 같이 이웃목록을 볼 수 있어요. 자신과 자주 소통하는 이웃은 새 글 소식을 'ON'으로, 자주 소통하지 않는 이웃은 'OFF'로 설정해 두세요. 새 글이 올라오는 이웃의 블로그에 자주 방문해 댓글로 소통하고 답방을 통해 방문자 수와 블로그 지수를 올릴 수 있습니다.

자주 소통하는 이웃의 새 글과 소통하지 않는 이웃의 새 글은 ON, OFF를 달리 설정해 둔다.

서로이웃은 그룹을 만들어 관리하게 되는데요. 처음 블로그를 시작하면 '새그룹'이 한 개 설정돼 있어 '새그룹' 폴더에 서로이웃이 모두 들어가게 됩니다. 이때 그룹을 새로 만들어 그룹별로 관리하면 이웃 관리가 더욱 수월해집니다.

1. '블로그 관리'-'기본 설정'-'이웃 관리'-'내가 추가한 이웃' 탭으로 가면 추가한 '이웃 목록'과 '이웃 그룹'을 관리할 수 있어요. '이웃 그룹' 탭을 클릭하면 그룹 목록을 볼 수 있고, '그룹 추가' 버튼을 클릭하면 새로운 그룹을 만들 수 있습니다.

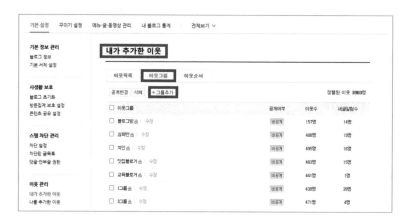

2. 이웃 그룹의 순서와 공개 설정도 자신의 블로그에 맞게 설정하면 서로 이웃을 더욱 쉽게 활용할 수 있습니다.

지금도 블로그는 진화하고 있습니다. 이전까지는 블로그 지수와 키워드 수, 글의 주제와 전문성에 의해 VIEW 탭에 글이 노출되었습니다. 그러나 2024년 1월 25일 발표된 네이버 블로그 정책에 따라 카페와 블로그 글이 모여 노출되던 VIEW 탭이 사라지고 블로그와 카페탭이 나뉘어 검색 결과에 반영되도록 변화됐어요. 방문자 수가 많은 오래된 블로거들의 세상이었던 블로그가 스마트블록이라는 새로운 시도로 초보 블로거의 글도 상위에 노출되는 기회를 주고 있습니다.

그 발판이 바로 서로이웃이에요. 서로이웃과 소통을 많이 하며 글의 조회 수와 좋아요 수, 댓글 수가 많은 글이 '반응 좋은 인기글'로 스마트블록 상위에 노출되면서 상단에 글이 보이게 됐어요. 초보 블로거도 이웃과의 활발한 활동과 진심어린 글만으로 상위에 노출될 수 있게 된 것이지요. 나와 비슷한 생각을 가진 블로거들과 서로이웃을 맺고 소통하는 것만으로도 블로그 성장에 큰 도움이 됩니다.

스마트블록에 대해 좀 더 자세히 알아보겠습니다. 스마트블록이란 네이버의 '에어서치(Airsearch)'를 통해 제공하는 검색 결과 서비스입니다. 검색한 사람의 의도와 취향을 반영한 콘텐츠 카테고리 블록을 뜻해요. 그동안 네이버 블로그가 VIEW 탭에서 검색됐다면, 에어서치가 도입되면서 검색한 사람의 취향이나 의도에 따라 카테고리가 분류돼 검색 결과가 반영됩니다.

그동안 '봉명동 맛집'을 검색하면 파워링크나 플레이스와 함께 블로그나 카페 리뷰가 VIEW 탭으로 분류돼 검색 결과가 제공되었습니다. 그러나 지금은 스마트블록으로 바뀌며 '봉명동 맛집 인기 주제'가 먼저 보입니다. 다양한 카테고리로 나뉘어 '반응 좋은 맛집 후기', '봉명동 맛집 인기 카페글', '맛집 탐방가 리뷰', '유성 봉명동 점심 맛집', '봉명동 고기 맛집' 등으로 검색됩니다. 즉, '봉명동 맛집'이라는 키워드로 글을 쓰더라도 스마트블록으로 나뉜 주제에 맞는 글이 상위에 노출되기 때문에, 기존의 상위 블로거가 아니어도 '반응 좋은 맛집 후기'에 노출될 확률이 높아진 거예요. 그러므로 댓글과 좋아요 등으로 소통하며 반응을 이끌어 낸다면 초보 블로거라도 상위에 노출될 수 있으니 초보 블로거일수록 서로이웃을 잘 활용해야 해요.

검색어를 입력하면 인기 주제가 몇 가지 뜨는데, 이것이 스마트블록이다.

✎ 클릭률을 높이는 제목

블로그에서 중요한 지표가 되는 것은 방문자 수입니다. 방문자 수가 높아야 체험단 선정도 쉬워지고 업체 블로그의 홍보에 도움이 되지요. 그 밖에 애드포스트 광고료나 제휴 마케팅 등에도 방문자 수가 많아야 수익이 상승하게 되는데, 방문자 수가 높다는 것은 내가 쓴 글을 많은 사람이 클릭해 읽었다는 뜻입니다. 그렇다면 사람들이 내 글을 클릭하게 하려면 어떻게 해야 할까요?

가장 중요한 것은 바로 제목입니다. 사람들이 궁금해하거나 검색할 만한 단어, 즉 키워드가 반드시 제목에 들어가야 합니다. 그러면 제목을 작성할 때 유의할 점을 알아보겠습니다.

첫째, 같은 제목의 문서가 있는지 확인합니다.

블로그에 자신이 쓰려는 제목을 "제목"과 같이 큰 따옴표를 넣어 검색해 보세요. 같은 제목의 글이 이미 있다면 다르게 써야 합니다. 같은 제목의 글은 유사 문서로 보일 우려가 있기 때문입니다. 가끔 내 글이 노출되지 않는 경우가 있는데, 누락되었는지 확인할 때도 같은 방법을 사용하면 됩니다. 다음 페이지의 이미지와 같이 큰 따옴표 안

에 제목을 넣고도 검색이 되지 않는다면 내 블로그나 글이 누락된 경우이니 누락된 이유를 찾아 수정해야 합니다.

둘째, 제목에 키워드만 넣지 마세요.

제목에 "가수원 맛집 만복옹기보쌈", "경주 가 볼 만한 곳 첨성대"와 같이 키워드만 넣은 제목은 피해야 합니다. 블로그에는 하루에도 약 80만 개의 글이 올라옵니다. 그중에는 키워드만 넣어 쓰는 글도 있어서 상위에 노출되기 어려울 수 있습니다. 자연스러운 문장 안에 키워드를 넣어 주세요.

셋째, 제목 전체를 검색했을 때 상위 노출된 글과 내 글의 내용과 주제가 같은지 확인합니다.

내 제목과 내용이 상위 노출된 글들과 비교했을 때, 따로 놀고 있지는 않은지 확인해야 합니다. 다른 글들과 내용이 다르다면 글을 수정하거나 제목을 수정해야겠지요.

넷째, 사람들이 궁금해할 만한 숫자나 문장으로 작성합니다.

예를 들어 '5주 만에 5Kg 빠진 찐 다이어트 방법 5가지'와 '다이어트 방법 5가지 알려드려요'와 어떤 글을 클릭하시겠어요? 눈에 바로 보이는 숫자나 궁금증을 유발하는 단어를 써야 클릭 수를 높일 수 있습니다.

다섯째, 제목에 특수기호를 사용하지 마세요.

저도 처음에 블로그를 시작할 때 이런 실수를 저지르곤 했습니다. 제목 앞에 '[대전맛집]'처럼 대괄호를 넣거나 키워드를 나열하면서 특수기호를 사용했지요. '대전맛집/봉명동맛집/삼겹살 맛집 00 삼겹살 후기'처럼 제목을 쓰면 상위 노출에 불리해요.

저는 네이버 공식 블로그 운영정책 공지사항을 자주 읽고 이를 어기지 않으려 노력하곤 합니다. 블로그 글쓰기에 '검색 결과 내에서 다른 요소에 나쁜 영향을 주거나 정보 탐색에 불편을 주는 타이틀 역시 제재 사유가 될 수 있다'고 명시돼 있어요. 즉, 제목을 눈에 띄게 하려고 다양한 특수기호를 사용하는 경우는 노출에 불이익을 받을 수 있다는 뜻이에요. 네이버에서 검색할 때 특수기호를 넣는 경우는 거의 없으므로 검색에 불이익을 주는 특수기호는 사용하지 않는 것이 좋습니다.

조은쌤의 맛집

대전밀면: 이가격에 이런 밀면이 가능?? 대전오시면 꼭 가봐야할 집 대전밀면맛집/판암동맛집/대전판암동 맛집!!

 조은쌤 2021. 6. 19. 17:08   URL 복사   №동계   ⋮

동일한 키워드를 반복하면 광고성 글로 오인될 수 있으니 주의해야 한다.

여섯째, 비슷한 키워드를 나열하거나, 매일 반복해 글을 쓰지 마세요.

위에서 예를 들었듯 비슷한 키워드를 제목에 나열하거나 한 개의 키워드를 글마다 반복하는 경우, 광고성 글로 보여 노출이 되지 않을 수 있어요. 위와 같은 실수는 사업체 블로그를 운영하는 사장님들이 가장 자주 하는 실수입니다. 사업체를 홍보하기 위해 매일 같은 키워드로 제목과 해시태그를 넣으면 오히려 노출이 되지 않는답니다. 뒤에서 소개해 드리는 키워드 분석 사이트나 네이버 광고 시스템의 키워드 도구를 이용해 연관 키워드를 찾아서 매일 조금씩 다른 키워드로 글을 쓰길 권합니다.

키워드 분석 사이트와 친해지자

글을 클릭하게 만드는 두 번째 방법은 바로 상위 노출입니다. 상위 노출이란 네이버 검색창에서 찾고 싶은 단어를 검색했을 때 위쪽에 검색되는 글을 의미해요. 사람들은 광고를 제외하고 가장 위에 뜬 글을 클릭하곤 합니다. 그래서 많은 블로거가 상위 노출을 위해 다양한 방법으로 애를 쓰지요. 상위 노출은 다양한 로직에 의해 순서가 정해지지만 가장 먼저 자신의 블로그 주제에 맞는 양질의 글을 꾸준히 발행해 블로그 지수를 높여야 합니다. 또 키워드를 본문에 5회 이하로 반복해 넣고, 글자 수를 1,000자 이상으로 작성하되 자신의 생각이 들어간 전문적이고 정보성 있는 글을 써야 합니다.

그러나 워낙 많은 글이 매일 블로그에 발행되기 때문에 발행량이 많은 키워드가 들어간 글은 상위에 노출되기가 힘듭니다. 그래서 키워드 분석 사이트를 통해 어떤 키워드가 경쟁력이 좋은지 확인하고, 그 키워드를 이용해 글을 작성하는 것이 좋습니다. 키워드 분석 사이트는 다양하지만 많은 블로거가 사용하는 곳은 다음과 같이 8가지 정도입니다.

1. 블랙키위   5. 오디피아

2. 키워드마스터   6. 구글트렌드

3. 키자드   7. 썸트랜드

4. 네이버데이터랩   8. 데이터플레닛

이중 제가 가장 많이 사용하는 블랙키위로 키워드를 분석해 글을 쓰는 법을 알려 드리겠습니다. MBTI에 대해 글을 쓸 경우, 어떤 키워드로 쓰는 것이 가장 효과적인지 블랙키위에서 MBTI를 검색해 보세요.

블랙키위 메인 화면 상단

키워드 등급과 검색량, 발행량 등을 분석해 더 많이 검색하고 발행량이 적은 단어를 선택해 글을 올리면 됩니다. 다음의 그림에서 보듯 MBTI는 검색량이 많지만 발행량도 너무 많아 글이 상위에 노출될 확률이 낮아 보입니다. 그럴 때는 연관 검색어 중 경쟁률이 낮은 것을 제목에 넣어 글을 쓰면 됩니다. 한글로 '엠비티아이 검사'라는 단어가 경쟁률이 낮아 보이므로 이를 키워드로 정하고 제목을 '엠비티아이 검사하는 방법과 유형별 어떤 직업을 선호하는지 알아볼까요?'와 같은 글을 써 보는 겁니다.

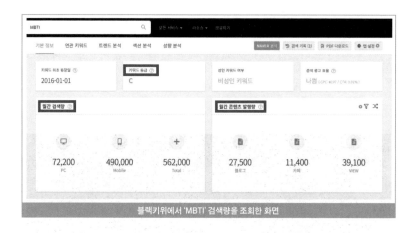

블랙키위에서 'MBTI' 검색량을 조회한 화면

검색량에 비해 발행량이 현저히 적기 때문에 최신글이 많지 않으면 자신의 경험을 바탕으로 한 전문적인 지식을 수집해 1,500자 정도로 글을 쓰면 좋습니다. 이렇게 글을 써서 올리면 블로그 지수에 따라 상위에 노출될 확률이 높아집니다. 초보 블로거들은 검색량이 5,000 이상인 키워드는 경쟁이 치열할 수 있으므로 3,000 이하의 검색량에, 발행량이 300 이하인 키워드를 찾아 쓰면 상위에 노출될 확률이 높아집니다.

블랙키위에서는 영향력 순위를 조회해 볼 수도 있습니다. 영향력 순위가 높을수록 상위 노출될 가능성이 높아지므로 참고하면 좋습니다.

블랙키위에서는 영향력 순위도 조회해 볼 수 있다.

블랙키위 첫 화면에는 오늘 가장 검색량이 많은 인기 키워드를 보여 주는 트렌드 창이 있어요. 여기서 찾은 '신생아 특례대출 조건'이라는, 검색량이 많은 키워드를 예로 설명해 볼게요.

'신생아 특례대출 조건'의 월간 검색량과 발행량

검색량이 37,700으로 높은 편이지만, 이미 4,540개의 글이 발행돼 초보 블로거의 글이 상위에 노출될 확률이 낮습니다. 이럴 때는 아래쪽 연관 키워드에서 월간 검색량과 발행량이 좀 더 적은 것을 찾아보세요.

연관 키워드 · 11개 ⓘ			
키워드 ⓘ	월간 검색량 (Total) ▲	블로그 누적 발행량 ⓘ	철자 유사도 ⓘ ▼
신생아 특례대출 금리조건	160	168,000	높음
신생아특례대출분양권	2,440	1,010	높음
신생아 특례대출 대환 조건	2,770	121,000	높음
신생아 특례대출 평수	5,830	720	높음
신생아 특례대출 기간	6,840	12,500	높음
신생아 특례대출 1주택	12,240	238,000	높음
신생아 특례대출 전세	12,900	16,000	높음

신생아 특례대출 관련 검색량과 블로그 발행량을 한눈에 볼 수 있다.

'신생아 특례대출 분양권'이나 '신생아 특례대출 평수'는 검색량 대비 발행량이 현저히 적고, 월간 검색량도 적은 연관 키워드군요. 이 중 '신생아 특례대출 평수'라는 키워드를 클릭하면 키워드 정보에 대해 자세히 알 수 있습니다.

'신생아 특례대출 평수'에 대한 검색량과 발행량

검색량과 발행량 면에서 '신생아 특례대출 평수'가 좀 더 낮은 것을 확인할 수 있어요. 초보라면 이런 키워드를 이용해 글을 써 보길 권합니다. 블랙키위에서는 예상 검색량과 검색 트렌트, 월별, 요일별 검색 비율도 분석할 수 있어서 해당 키워드가 지속적으로 검색되는 단어인지 알 수 있어요. 만약 예상 검색량이 지금보다 낮아진다면 이후 검색량이 떨어지는 키워드이므로 적당하지 않아요.

상위 노출을 하더라도 유입이 안 되는 경우가 있는데, 바로 섹션 배치 순서 때문이에요. 다음의 사진과 같이 검색창에 검색어를 검색했을 때, 가장 먼저 보이는 창이 분야 인기글 또는 인기 주제로 방문자가 유입됩니다. 그렇지 않은 경우 즉, 파워링크나 지식스니펫 등 다른 섹션이 먼저 노출되는 키워드라면, 블로그 상위 글보다 그 외 창으로 유입될 확률이 높아서 상위 노출이 되어도 블로그로 방문자 유입이 어려울 수 있어요.

섹션 배치 순서를 확인할 수 있다.

2024년 개편된 스마트블록 노하우

2024년 1월 18일 네이버는 '통합검색 VIEW의 스마트블록 전환에 따른 파워컨텐츠 노출 영역 변경 안내(1/25)'라는 공지사항을 통해 네이버 검색의 변화를 예고했습니다. 앞에서 잠시 언급했듯 기존에 블로그와 카페 글이 노출되던 VIEW 탭이 사라졌어요. 대신 블로그와 카페 탭으로 나뉘며 검색 결과가 스마트블록이라는 인기 주제별로 반영돼, 관련 인기글이 상위에 노출되기 시작했어요. 즉, 특정 키워드를 검색하는 사람들이 주로 검색하는 연관 키워드 글을 인기 주제로 나누어 한 번에 보여 주는 것이 바로 스마트블록이에요. '초등인강'을 검색하면 '인기글'과, 이와 연관된 키워드인 '초등임용인강', 'EBS초등인강', '초등인강 순위' 등이 인기 주제로 검색됩니다.

네이버는 에어서치를 통해 다양한 의도에 맞는 탐색을 도와주고, 사용자 취향에 맞는 검색 결과를 보여 주기 위해 스마트블록을 도입했습니다. 이를 통해 실제 사용자의 진성 후기나 반응 좋은 상품 후기, 꾸준히 좋은 콘텐츠를 생산하는 창작사들의 글을 모은 블록 등을 보여 주고 있어요. 앞에서도 말했듯 서로이웃과의 소통으로 반응을 이끌어 내고, 검색하는 사람이 원하는 연관 검색어를 넣어 글을 써 줘야 노출이 잘 될 수 있습니다.

검색어를 입력하면 연관된 인기 주제를 몇 가지 블록으로 나눠 볼 수 있다.

제가 얼마 전 작성한 대전 도마동 맛집 글을 예로 들어 보겠습니다. '도마동 맛집'을 검색하면 반응 좋은 글과 함께 대전 도마동 맛집이 인기 주제인 것을 알 수 있어요. 그래서 키워드를 '도마동 맛집'과 '대전 도마동 맛집'을 모두 넣어 인기 주제 글에 노출되도록 글자 수와 정보를 넣고 키워드를 3회 정도 넣어 작성했습니다.

대전 도마동 맛집

[대전 **도마동 맛집**]초밥나라, 제철 대하구이로 재방문 후기
대전 대하구이 맛집으로 추천 ★사장님이 친절하신 **도마동 맛집** ★주차
장과 홀이 넓어서 가족모임, 회식 장소로도 추천 이상, 대전 대하구이 맛
집, 초밥나라에 대한 후기를 마칩니다. 끝까지 읽어주셔서 감사합니다. …

🔵 조은쌤의 행복찾기 · 5일 전   ⋮

대전 **도마동 맛집** 주주 양평해장국 진한 국물과 푸짐한 양에 반…
맛집을 찾아다니는 조은쌤입니다 설이 얼마남지않아 선물을 사기 위해
도마시장에 들러 점심을 먹었는데요 대전 **도마동 맛집** 주주 양평해장국
집이 새로 생겼더라구요 예전에 서울 살때는 양평해장국 워낙 자주먹어…

검색어와 연관된 반응 좋은 글과 인기 주제가 상위에 노출된다.

 몇 시간 뒤 방문자 유입이 있는 것을 확인하고 '도마동 맛집'으로
검색하니 '대전 도마동 맛집' 블록의 여섯 번째로 검색되었습니다. 이
런 식으로 자신이 작성하려는 글의 키워드를 검색해 인기 주제가 보인
다면, 그중 하나를 골라 제목과 본문에 주제를 넣어 글에 노출되도록
작성해 보세요. 소통을 통해 인기 많은 글에 노출되면 더 많은 방문자
가 유입될 수 있어요. 스마트블록의 도입이 초보 블로거에게는 더 큰
기회가 될 수 있으니 좋은 글을 쌓는 노력이 필요합니다.

Google
https://chrome.google.com › 리뷰언즈-엔서포터 › og… ⋮

리뷰언즈 엔서포터
네이버 검색 키워드와 블로그 글을 분석하여 검색엔진 최적화 된 콘텐츠를 작성하는데 도움이 됩
니다. 블로그 글 작성 시 글자 수를 표시하는 기능도 제공됩니다.

리뷰언즈 엔서포트는 구글 앱을 검색해 설치한다.

네이버 블로그에 글쓰기 PC 화면으로 들어가면 아래와 같이 글쓰기 화면 위쪽에 엔서포터 화면이 보이는 것을 확인할 수 있어요. 글쓰기를 시작하면 자동으로 글자 수가 보입니다.

엔서포터를 설치하면 내 블로그에서 글자 수를 조회할 수 있다.

리뷰언즈 엔서포터를 이용해 키워드 분석도 할 수 있습니다. 내가 쓴 글의 키워드로 검색된 결과를 통해 다른 블로거의 글과 내 블로그 글을 비교할 수 있지요.

앞에서 소개한 '도마동 맛집' 키워드를 검색해 제 글과 상위 노출된 다른 글을 비교해 분석해 볼 수 있는데요. 글마다 아래쪽에 보이는 '엔서포터 글 분석'을 클릭하면 글의 방문자 수부터 개설일, 글자 수, 키워드 수까지 분석해 줘 내 글이 상위에 노출된 글보다 어떤 점에서 부족한지 비교해 볼 수 있어요.

다음의 사진은 제 글과 제 바로 위에 노출된 글을 비교해 본 사진입니다. 글자 수가 저보다 두 배 많고 키워드가 네 번 들어갔어요. 이런 분석을 통해 내 글의 글자 수를 늘리거나, 정보를 더 넣어 수정할 수 있습니다. 글을 자주 수정하는 것은 블로그 지수에 좋지 않지만 더 좋은 내

용을 넣기 위한 수정은 오히려 글을 더 상위로 올려 주기도 합니다.

단, 키워드 분석을 위해서는 블로그 탭으로 들어가야 글마다 분석이 가능합니다. 스마트 블록의 글은 분석되지 않으니 키워드 분석을 원하면 블로그 탭으로 가시기 바랍니다.

대표 사진으로 시선을 끌어라

앞에서 설명한 대로 맛집이나 여행의 경우, 깨끗한 이미지로 각도를 바꿔 가며 좀 더 먹음직스럽게 나온 사진이나 멋진 여행지 풍경을 대표 사진으로 설정하면 클릭할 확률이 높아집니다. 그렇다면 정보 글의 경우는 어떨까요? 내가 직접 찍은 사진을 대표 사진으로 쓰기 어려운 정보 글의 경우 대표 사진을 디자인해 넣으면 됩니다.

보통 상위 노출 1위에서 5위까지의 글은 한 화면에 보입니다. 그중 모든 사람이 첫 번째 글을 클릭할까요?

그렇지 않습니다. 가장 눈에 띄고 전문적으로 보이거나, 내용이 충실해 보이는 글을 클릭하게 됩니다. 그러려면 제목도 중요하지만, 눈에 바로 보이는 대표 사진이 중요합니다. 그래서 많은 블로거들이 미리캔버스나 캔바, 망고보드 같은 디자인 도구로 내용과 연관된 사진을 꾸미며 대표 사진으로 넣습니다. 혹은 자신만의 틀을 만들어 통일성을 주기도 합니다. 이렇게 하면 글이 더 전문적으로 보여 많은 클릭을 받을 수 있습니다.

개념유형 고등수학 상 하 답지 pdf 다운받으세요

2023. 12. 27. 0

2024 정시 가나다군 대학 알아보고 합격전략 세워요

2023. 11. 29. 0

2024학년도 정시합격방법 알아볼게요

2023. 11. 17. 3

2023학년도 수능 확정등급컷 국어 수학 영어 한국사 과탐 사탐 제2...

2023. 11. 15. 1

2024학년도 수능 준비물, 유의사항, 주요일정,시간표 알려드려요

2023. 10. 31. 1

대학교 학점 조회 방법 자세히 알려드려요/재학생, 졸업생

2023. 10. 27. 1

미래엔수2교과PDF 답지 파일 다운받으세요

2023. 10. 19. 1

신사고 고1수학교과서 PDF 답지 파일 다운받으세요

2023. 10. 18. 1

눈에 잘 띄는 대표 사진을 활용하면 클릭률이 높아진다.

대표 사진을 디자인할 때도 유용하지만, 이미지 변경 등 블로그를 쓰기 위해 꼭 필요한 디자인 툴로 미리캔버스나 캔바, 망고보드 중 한 가지를 익혀서 사용하는 게 좋습니다.

다음으로 제가 주로 사용하는 미리캔버스의 사용법과 블로그에 활용하는 방법을 자세히 알려 드리겠습니다.

포토샵 몰라도 이미지 만드는 미리캔버스

미리캔버스는 상업용 디자인부터 동영상까지 별도의 앱 설치 없이 웹에서 사용할 수 있는 디자인 도구입니다. 저작권 걱정 없이 무료로 고퀄리티의 강의 자료용 프리젠테이션, 포스터, 책 표지, 업체용 배너 등을 만들 수 있습니다. 특히 요즘 많은 사람들이 이용하는 인스타그램 카드 뉴스, 유튜브 섬네일 등도 쉽게 디자인할 수 있어서 블로그뿐만 아니라 타 SNS에 활용하기에도 좋습니다.

미리캔버스는 이용 방식에 따라 선택 가능한 구독 서비스가 있습니다. 자신에게 맞는 구독 서비스를 이용하면 제공되는 모든 것을 무료로 사용할 수 있어요.

그럼 미리캔버스 가입 방법 및 메뉴부터 알아보겠습니다.

먼저 네이버 검색창에서 '미리캔버스'를 검색해 가장 위에 검색되는 '디자인 플랫폼 미리캔버스'를 클릭해 주세요. URL은 www.miricanvas.com입니다.

미리캔버스 메인 화면

　'5초 회원가입' 버튼을 클릭하면 '카카오로 간편가입', '네이버로 간편가입', '이메일로 가입' 중 가장 편한 것으로 선택해 회원가입할 수 있습니다. 가입한 후에 로그인하면 아래와 같은 화면으로 이동합니다.

미리캔버스 가입 후 로그인한 화면

　홈 화면에 있는 프리젠테이션이나 카드 뉴스 등 다양한 디자인 중에서 원하는 것을 클릭하면 디자인에 맞는 사이즈로 변경되며 디자인 만들기 페이지로 연결됩니다.

미리캔버스 디자인 페이지

디자인 페이지는 다음과 같이 구성되어 있습니다. 각각의 메뉴에 대해 알아보겠습니다.

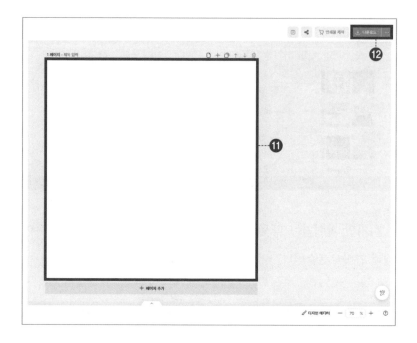

① 전체 메뉴 : 클릭하면 첫 화면으로 돌아가거나 현재 페이지 외에 새 디
자인 만들기, 사본 만들기, 고급 기능 등을 설정할 수 있습니다. 눈의 피로
를 줄이기 위해 다크 모드로 전체 메뉴에서 변경할 수 있습니다.

② 되돌리기 : 변경한 내용을 직전으로 되돌리거나 다시 돌아갈 수 있습니
다. 되돌리기 기능이 있어 다양한 시도를 할 수 있어요.

③ 크기 조정 : 직접 입력을 통해 자신이 원하는 크기로 디자인할 수 있고
아래쪽으로 내려가면 프리젠테이션, 웹 배너, 카드 뉴스 등을 선택해 크기
를 조정할 수 있습니다.

④ 템플릿 : 다양한 용도의 디자인 템플릿을 사용할 수 있는 탭이에요. 원

하는 용도를 클릭하면 프리젠테이션, 카드 뉴스 등 주제별로 나뉘어 있고,

검색을 통해 알맞은 디자인을 선택해 사용할 수 있습니다.

⑤ 작업 공간 : 과거에 만들었던 디자인이 저장된 공간으로, 나만의 대표 사진틀을 만들어 두면 사진과 글자만 바꾸거나 배경 사진만 바꾸어 아래와 같이 통일성 있게 보일 수 있습니다.

⑥ 사진 : 공유된 다양한 무료 사진을 사용할 수 있습니다. 원하는 단어를 검색하면 관련된 다양한 사진이 검색되어 간편하게 디자인하거나 포스팅에 사용할 수 있어요.

단, 사진의 경우 한 개의 이미지만을 아무런 디자인 작업 없이 다운로드하면 저작권 보호를 위해 다운로드되지 않으므로 여러 개의 사진으로 작업하거나 텍스트 또는 다른 요소를 넣어 디자인한 후에 다운로드해야 해요. 아래 그림에서 노란색 왕관이 함께 있는 이미지는 유료 구독한 사용자만 사용할 수 있습니다.

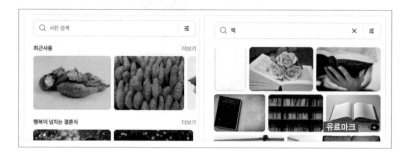

⑦ 업로드 : 미리캔버스에서 검색되는 이미지가 아닌 내가 가진 이미지를 변형해 사용할 수 있습니다. 강사나 작가의 경우, 프로필 사진을 업로드해 프리젠테이션이나 카드 뉴스에 활용할 수 있습니다. 업로드를 클릭해 파일을 불러오거나 사진을 캡쳐해 붙어넣기 하면 피일이 추가되며 페이지에서 활용할 수 있습니다. 프로필 사진을 불러와 사진을 클릭하면 배경 지우기 기능으로 사진만 템플릿에 넣어 간단하게 나만의 카드 뉴스를 만들 수 있습니다.

⑧ 요소 : 일러스트, 도형, 선, 아이콘, 표, 차트 등 자신에게 필요한 디자인을 불러와 쉽게 사용할 수 있습니다.

⑨ 텍스트 : 디자인에 글자를 넣을 수 있게 해 줍니다. 미리캔버스에서는 정말 다양한 글자체를 사용할 수 있고, 텍스트 템플릿도 다양해 움직이거나 강조하는 글자를 쉽게 만들 수 있습니다. '텍스트'를 클릭한 다음 이미 만들어진 자막을 활용할 수도 있습니다. 용도에 맞게 텍스트를 추가한 뒤 '텍스트'를 더블 클릭해 내용을 수정하고 크기와 자간, 행간을 조정하면 됩니다.

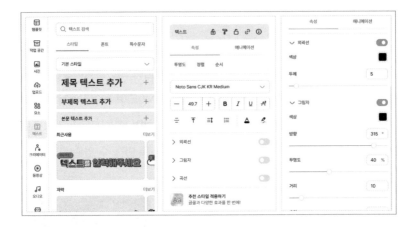

⑩ 배경 : 배경을 골라 넣을 수 있고 검색을 통해 원하는 디자인을 다양한 곳에서 찾을 수 있습니다. 기본적인 단색 배경부터 하늘, 바다, 그래픽 등 사진 배경이나 패턴 배경 중 선택할 수 있습니다. '배경색'을 클릭해 단색이나 투명도 등을 변경할 수 있고, 패턴의 경우 크기 조절이 가능합니다.

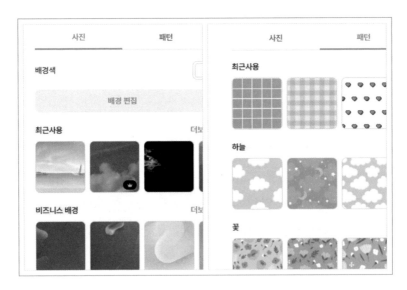

⑪ 디자인 페이지 : 디자인을 할 수 있는 도화지 같은 것으로, 크기를 조절할 수 있고 아래쪽 페이지 추가나 복사를 통해 페이지를 늘리고 같은 페이지를 복사해 변형할 수 있습니다. 프리젠테이션의 경우, 페이지 수를 늘려 슬라이드쇼를 통해 발표 자료로 직접 사용할 수 있습니다.

⑫ 다운로드 : 웹에서 사용 가능한 jpg, png, pdf 등의 확장자로 다운로드할 수 있습니다. 여러 페이지일 경우 한꺼번에 다운로드하면 알집으로 압축돼 저장이 되고, 한 개씩 클릭하면 각각 다운받을 수 있습니다.

동영상의 경우, 한꺼번에 다운로드하면 연결된 동영상으로 저장이 됩니다. mp4 형태의 파일로 저장되는데 움짤 형태의 gif 동영상도 다운로드할 수 있습니다. 인쇄물의 경우에는 현수막 제작 등도 가능하니 참고하세요.

대표 이미지는 '제목'을 중심으로

앞에서 설명했듯 대표 사진은 방문자의 클릭을 유도하는 데 중요한 역할을 합니다. 단순히 예쁘게 디자인하는 것보다는 글의 내용과 어울리게 제목이 눈에 띄도록 디자인해야 합니다. 그러기 위해서는 키워드 분석을 통해 제목을 잘 정하고 제목과 어울리는 템플릿을 찾아 사용하면 되겠지요. 저는 주로 교육 정보를 포스팅하기 때문에 카드 뉴스 템플릿에서 '교육'을 검색해 적당한 디자인으로 수정합니다. 페이지를 카드 뉴스로 사이즈 설정을 한 다음, 모든 템플릿에서 사용할 수 있습니다. 사이즈가 다른 디자인은 내가 설정한 디자인에 맞게 설정할 수 있지만 약간의 수정이 필요합니다.

검색된 템플릿 중 포스팅의 주제와 어울리는 템플릿을 클릭한 다음, 필요 없는 요소들은 'Delete' 키를 눌러 삭제하고 텍스트의 크기와 위치를 조절하면 됩니다. 이때 요소보다는 텍스트가 잘 보이는 디자인이 검색하는 사람의 눈에 잘 띄기 때문에 이 점에 유의해 디자인하는 게 좋습니다. 디자인이 완성되면 고해상도로 다운로드받은 다음 블로그에서 대표 사진으로 사용하면 됩니다.

대표 사진의 예

이렇게 템플릿을 검색해 글마다 다른 대표 사진을 만들 수도 있지만, 각 카테고리마다 디자인을 통일하고 제목만 변경해 통일성을 주기도 합니다. 저는 블로그 정보를 알려 주기 위한 카테고리의 글은 한 가지 디자인을 만들어 글자만 바꾸어 사용했어요. 대표 사진을 만드는 시간도 절약되고, PC로 프롤로그를 확인했을 때 더욱 깔끔하게 보여 브랜딩 블로그를 운영하는 사람에게는 안성맞춤입니다.

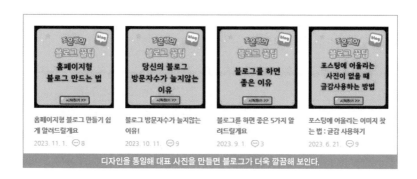

디자인을 통일해 대표 사진을 만들면 블로그가 더욱 깔끔해 보인다.

그 외 블로그에 사용할 나만의 이미지 만드는 법을 알아보겠습니다.

블로그에는 내가 경험한 이야기를 사진과 함께 후기로 남기는 경우가 많지만, 사진을 찍을 수 없는 정보 글을 쓸 때도 종종 있습니다. 이런 경우 많은 사람들이 연관된 홈페이지나 사이트에서 이미지를 그대로 캡처해 쓰기도 합니다. 그러나 다른 블로거가 같은 이미지를 캡처해 사용할 수 있으므로 유사 이미지가 될 위험이 있습니다. 이런 위험을 막기 위해 캡처한 사진을 미리캔버스에서 나만의 이미지로 디자인해 사용하면 됩니다.

저는 자격증 정보에 대해 포스팅할 때 자격증 시험 지원 방법, 자격, 기간, 과목 등을 캡처해 미리캔버스에 업로드한 다음, 이를 수정해 사용합니다. 동일한 키워드로 많은 사람이 글을 쓰기 때문에 같은 정보를 똑같이 캡처해 사용할 수 있기 때문이에요. 배경을 설정하고 그 위에 캡처한 이미지를 넣은 후 텍스트로 이를 설명하는 글을 넣고 한두 가지 디자인 요소를 추가하면, 다른 블로거와 유사 이미지로 불이익을 당할 걱정이 사라집니다.

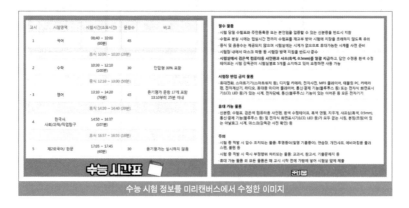

수능 시험 정보를 미리캔버스에서 수정한 이미지

- 예비 소집에 반드시 참여, 시·도 교육감이 시험 전일에 실시하며, 일시 및 장소는 원서접수증에 표시
- 예비 소집 시, 수험표 확인(선택 과목 확인), 주의사항과 응시할 시험장과 시험실 등 확인(방역상황 유지를 위해 입장은 금지되며 학교의 안내를 따름)
- 시험장 배치, 시험 실시 및 감독 등 시험 관리는 시·도 교육청이 담당하며, 관련 사항은 관할 교육청으로 문의
- **시험 당일 모든 수험생은 08:10까지 시험실에 입실**(오전 6시 30분부터 출입 허용)하여 수험생 유의사항을 전 달받은 후 1교시를 미선택한 수험생은 시험 감독관 안내에 따라 대기 장소로 이동
- 시험 중 마스크 교체가 필요한 경우에 대비하여 감독관의 사전 점검을 거쳐 여분의 마스크 휴대 가능
i 매 교시 답안지 필적 확인란에 제시된 문구를 기재하여야 하며, 감독관의 본인 확인 절차에 따라야 함
- 수험생은 반드시 응시원서 작성 시 본인이 선택한 영역 및 과목의 문제만 풀어야 함 (임의로 시험 시간 중 선택 과목을 변경하여 응시할 수 없음)
- 4교시는 한국사 영역 시험 이후, 탐구 영역 시험이 진행됨. 한국사 영역 시험 시간은 30분이며, 한국사 영역 종 료 후 15분의 문답지 회수 및 탐구 영역 미선택자 대기실 이동 시간을 둠
- 탐구 영역의 시험 시간은 과목당 30분이며, 과목별로 시험 종료 2분의 문제지 회수 시간을 둠
- 탐구 영역 지원자는 본인이 선택한 과목을 순서대로 기재·응시하여야 함

수능 시험 정보를 미리캔버스에서 수정한 이미지

2024학년도 수능 시험에 관한 포스팅에 들어간 이미지도 한국교육 과정평가원 홈페이지의 시간표와 준비물 등을 캡처해 미리캔버스에 서 배경색을 넣고, 텍스트와 시간표를 꾸며 나만의 이미지를 만들었 습니다. 여러분도 글에 어울리는 이미지를 미리캔버스를 이용해 디자 인해 보세요. 더욱 편리하고 풍성하게 블로그 생활을 즐길 수 있습니다.

AI가 나 대신 글을 써 준다?

　블로그를 시작하면서 사람들이 가장 힘들어 하는 것이 글쓰기입니다. 글을 쓰는 것이 어렵고 습관이 되지 않아 한 개의 포스팅을 하는데 시간이 오래 걸린다는 것입니다. 특히 한 가지 주제를 가진 정보 글을 쓸 때 평소에 글을 많이 써 보지 않은 사람들은 더욱 힘들어 합니다. 블로그 포스팅을 어렵게 느끼다 결국 포기하곤 합니다.

　정보를 찾고 이를 기반으로 글을 쓰는 과정이 어색하고 어려운 것은 모든 초보에게 당연한 일입니다. 그런데 최근 AI 기술의 발전으로 이런 걱정이 조금 줄어들었어요. 글을 쉽게 쓸 수 있도록 도와주고 대신 써 주는 사이트나 플랫폼 덕분이지요.

　요즘 화제가 되는 ChatGPT나 AskUp, 뤼튼wrtn, Bard, CLOVA X 등 AI를 이용해 글을 쓰면 질문에 따라 1분 이내에 1,000자 이상의 글을 쓸 수 있습니다. 그동안 사전이나 다양한 홈페이지, 책을 찾아보느라 많은 시간을 허비하고, 의학이나 경제용어 등 다양한 전문지식에 대해 풀어 쓰는 것이 어렵게 느껴졌을 겁니다. 그러나 AI를 이용하면 이 모든 것을 이해하기 쉽도록 1분 만에 글을 쓸 수 있기 때문에 블로그 포스팅을 5분 만에 마칠 수 있습니다. 너무나 편한 세상이 온 거지요.

이번에는 제가 주로 사용하는 ChatGPT, AskUp, 뤼튼의 사용법에 대해 살펴보겠습니다.

먼저 ChatGPT에 대해 알아볼까요?

크롬으로 인터넷에 접속해 네이버 검색창에서 'ChatGPT'라고 검색해 보세요. 아래와 같은 화면이 뜨면 가장 먼저 검색되는 'Introducing ChatGPT' 사이트를 클릭하세요. 아래와 같은 화면이 뜨면 'ChatGPT 시도'를 클릭해 로그인하면 되는데요. ChatGPT는 영어로 설정되어 있으므로 구글에서 '프롬프트 지니'라는 ChatGPT 자동번역기를 다운받아 사용하면 편리하게 이용할 수 있습니다.

ChatGPT 첫 화면과 자동번역기 프롬프트 지니

먼저 영어로 설정돼 있던 ChatGPT를 자동 번역기인 프롬프트 지니를 통해 한국어로 번역된 화면으로 변환시킵니다. 그리고 아래쪽 검색란에 필요한 정보를 얻을 수 있는 문장을 입력하면 돼요. '다이어트에 좋은 음식', '고구마의 효능' 등 여러 곳을 방문해 블로그에 포스팅하던 정보들을 ChatGPT가 한 번에 찾아내 대답해 주지요. 이것을 바탕으로 나만의 문체로 수정해 블로그에 포스팅할 수 있습니다.

ChatGPT에서 정확한 답을 얻기 위해서는 원하는 것을 자세히 적어야 해요. 예를 들어, 다이어트에 관련된 정보가 필요하다면 '다이어트에 좋은 음식 다섯 가지를 1,000자 이상 자세히 써 줘'라고 질문하면 ChatGPT가 이에 맞게 대답해 줍니다.

이번에는 AskUp에 대해 알아보겠습니다.

AskUp은 ChatGPT의 카카오톡 버전으로 보면 됩니다. 카카오톡 검색창에서 AskUp을 검색하면 아래와 같은 검색 결과가 나오고, '채널 추가' 버튼을 누르면 AskUp과 대화할 수 있습니다. 저는 AskUp을 자주 사용하곤 합니다. 블로그를 해야 하는 이유를 물어보니 아래와 같이 친절하게 알려 주네요. 이 글을 바탕으로 블로그를 해야 하는 이유에 대해 자신의 경험을 살려 재구성하면 보다 쉽게 포스팅할 수 있습니다.

ChatGPT의 카카오톡 버전이라고 할 수 있는 AskUp

뤼튼은 AI 콘텐츠 생성 플랫폼으로 네이버 검색창에서 '뤼튼'을 검색하면 아래와 같은 사이트가 결과로 나옵니다. 사이트에 접속해 회원가입을 하면 무료로 이용할 수 있습니다. 위에서 설명한 ChatGPT나 AskUp과 같이 내가 히는 질문에 답을 줘 블로그 포스딩에 도움을 줍니다.

저는 블로그 포스팅할 때 뤼튼을 주로 사용합니다. 사용 방법은 다른 생성 플랫폼과 같습니다. 예를 들어 '다이어트에 좋은 운동을 1,000자로 써 줘'라고 입력하면 원하는 답을 1,000자 이내로 자세히 써 준답니다.

단, 주의할 점은 AI 생성 플랫폼에서 검색한 글을 그대로 복사해 블로그에 붙여 넣으면 AI의 문체이기 때문에 방문자들이 읽기에 불편하고 어색할 수 있으니 나만의 문체로 수정해 발행해야 합니다. 그리고 대부분의 AI는 기존 자료를 빠르게 검색해 걸러서 결과물을 보여 주는 것이므로, 이를 그대로 블로그에 작성하면 유사 문서로 보일 위험이 있습니다. 자신이 쓰는 글의 참고용으로만 쓸 것을 권합니다.

AI 생성 플랫폼인 뤼튼

블로그 '글감' 기능 이용하기

AI를 이용해 포스팅을 할 경우, 혹은 정보 글을 쓸 경우에는 관련 사진을 찾아 글에 넣어 주면 포스팅이 더욱 풍성해지고 가독성이 좋아집니다. 이때 네이버에서 검색된 아무 사진이나 캡처해 사용하면 유사 이미지 등록으로 인해 블로그 지수가 떨어지거나 저작권법 침해의 소지가 생길 수 있습니다.

이럴 때는 블로그 글감 속 무료 이미지를 활용하면 돼요. AI를 이용해 쓴 글 중간에 문단을 나누고, 글쓰기 화면의 오른쪽 위 '글감'을 클릭하면 아래와 같은 화면이 나타납니다. 사진 탭에서 작성한 주제의 키워드를 검색하면 연관된 사진이 검색됩니다. 이 중에는 유료 이미지와 무료 이미지가 나뉘어 있는데, 무료 이미지를 골라 클릭하면 아래와 같이 글 중간에 사진이 삽입돼 쉽게 포스팅을 할 수 있습니다.

주제에 맞는 이미지를 글감에서 선택해 사용한다.

이같이 연관 사진을 넣어 쓴 글은 더욱 가독성도 좋고 글의 체류 시간을 늘려 주므로, 직접 찍은 사진 등을 구할 수 없다면 블로그 글감 사진을 활용해 보세요.

글감에는 더욱 다양한 기능이 있습니다. 책이나 영화, 공연, 음악, 뉴스 등도 글감을 통해 검색해 클릭하면 글과 관련된 뉴스나 책 홈으로 연결되도록 링크가 만들어져 검색하는 사람이 더 편리하게 이용할 수 있습니다. 책의 경우, 서재 위젯을 통해 홈 화면에 자신이 읽은 책이 보이도록 설정할 수 있습니다.

글감의 다양한 기능 중 서재 위젯은 자신이 읽은 책이 글감을 통해 노출되게 한다.

블로그가 상위에 잘 노출되기 위해서는 주제에 맞는 양질의 포스팅을 꾸준히 해야 합니다. 여기서 양질의 포스팅이란 네이버가 좋아하는 글을 말합니다. 네이버가 좋아하는 글과 싫어하는 글은 극명하게 나뉘어요. 앞에서도 말했듯 네이버가 좋아하는 글은 쉽게 노출되지만, 싫어하는 글을 반복해서 쓰면 좀처럼 노출이 되지 않는 블로그로 전락하고 맙니다. 내가 쓴 글이 검색 결과에서 누락되는 것은 네이버가 싫어하는 글을 썼을 때 일어나는 현상이에요.

이번에는 네이버가 좋아하는 포스팅이 어떤 것인지 알아보겠습니다. 네이버가 좋아하는 글은 크게 일곱 가지로 설명할 수 있습니다.

첫 번째, 물품이나 장소 등에 대해 본인이 직접 경험해 작성한 후기일 경우, 네이버가 좋은 글이라고 판단해 상위에 노출시킵니다. 물론 상위 노출을 위한 조건에는 더 필요한 것이 있지만 직접 경험하고 찍은 사진과 후기일 경우, 비슷한 조건의 글이라면 상위에 더욱 쉽게 노출됩니다. 제가 썼던 ESFP와 ENFJ 궁합에 관한 글은 저와 남편이 직접 찍은 사진을 이용해 저희 부부의 진짜 궁합 이야기를 올린 것이었습니다. 비슷한 글의 수가 4,000개가 넘는데도 이 글은 2년 넘도록 상위에 노

출돼 있습니다. 다른 글들은 대부분 글감의 글이나 무료 이미지를 사용
했지만 제가 쓴 글은 직접 찍은 사진과 경험담이기 때문에 오랜 시간 동
안 노출되어 2만 명 가까운 조회 수를 기록하고 있습니다.

'ESFP와 ENFJ 찐궁합'이라는 글과 글의 누적 조회수

이 글에는 다양한 댓글이 달렸습니다. "심심해서 찾아봤는데 딱 우
리 부부예요. 우리 MBTI 궁합이 안 좋다고 들었는데, 이 글을 보니
다르게 해석될 수도 있겠네요. 그동안 단순히 성격으로 치부하던 것
을 넘어 '이런 유형이구나!' 하고 상대방을 이해하는 계기가 됐어요",
"제가 엔프제예요. 넘 반가워요. 두 분 이야기 넘 재미있고 공감이 갑
니다" 등 저희 부부의 진솔한 이야기가 읽는 이로 하여금 신뢰도를 높
이고, 공감을 이끌어내 계속 상위 노출되어 유입이 많은 편입니다.

두 번째, 네이버는 다른 글을 복사하거나 짜깁기하지 않고 독자적
인 정보로서 가치가 있는 글을 좋아합니다. 블로그의 품질을 떨어뜨
리는 유사 글과 유사 이미지는 조심해야 해요. 직접 만든 이미지가 아

니라 다른 곳에서 캡처하거나 가져온 것을 블로그에 사용할 경우 네이버가 좋아하지 않습니다. 디자인 툴을 이용해 고유한 이미지를 올리고 독자적인 정보로 글을 쓰면 노출에 유리해집니다.

세 번째, 신뢰할 수 있는 정보를 기반으로 작성한 내용입니다. 뉴스나 학술지 등 출처가 명확하고 정확한 내용은 신뢰도를 높여 줘 상위노출에 유리합니다. 작성자가 꾸준한 주제의 글을 작성하는 전문가일수록 네이버는 상위에 노출시켜 줍니다. 블로그 주제에 맞는 한 가지주제의 글을 꾸준히 쓰면 전문가라고 인정해 주는 것입니다.

네 번째, 읽는 사람이 저장하고 친구에게 공유하는 내용이 네이버가 좋아하는 포스팅입니다. 블로그 글 하단의 공유나 저장 버튼을 방문자가 많이 클릭할수록 블로그 지수가 올라갑니다. 이를 유도하기 위해 글을 저장하고 공유하도록 이벤트를 하기도 해요. 강의 녹화분을무료 배포하면서 이웃추가와 글의 공유를 조건으로 걸기도 하지요. 많은 블로거들이 전자책 무료 배포 등의 이벤트를 하면서 글의 공유를 유도한답니다.

다섯 번째, 글의 주제에 도움이 되는 충분한 길이의 정보와 분석내용을 포함한 기록인 경우입니다. 그래서 저는 항상 글자 수 1,000자 이상, 관련 사진 10장 이상을 강조합니다. 글의 상위 노출을 위해서이러한 노력은 반드시 필요합니다. 글이 짧으면 정보가 부족해 보이기때문인데요. 저는 글을 발행한 직후 검색 결과에서 5위에 노출된 글에 더 많은 정보를 담은 후 글자 수를 1,000자 이상으로 늘려서 수정했더니, 얼마 후 2위로 노출되었습니다.

여섯 번째, 네이버 랭킹 로직이 아닌 글을 읽는 사람을 생각하며 작성한 글입니다. 상위 노출을 위해 문장이 어색하고 오로지 로직만을 위해 쓴 글들이 낳습니다. 네이버는 이를 강력하게 걸러내겠다고 공지했어요. 이제 그런 글들은 상위 노출에서 찾아보기 힘듭니다. 예전에는 단순히 글자 수를 늘리기 위해, 키워드를 더 많이 넣기 위해 어색한 말투로 작성하는 경우가 많았는데, 이제는 이런 글은 노출이 되지 않습니다.

일곱 번째, 여섯 번째와 이어지는 내용이라고 할 수 있습니다. 종합적으로 방문자가 쉽게 읽고 이해할 수 있는 편한 말투와 단어, 문장을 사용한 글을 좋아합니다. 네이버 알고리즘은 갈수록 진화하고 있습니다. 그러나 자신의 의견과 경험이 담긴 글을 정성스레 발행한다면 걱정할 것 없겠지요. 저는 그래서 자연스러운 말투로 친구에게 말하듯 글을 쓰고 있답니다.

필독 : 네이버가 싫어하는 글

이번에는 반대로 네이버가 싫어하는 글에 대해 알아보겠습니다. 네이버가 싫어하는 글을 자주 발행하면 블로그가 온라인 사용자들에게 노출되지 않습니다. 저품질이라는 판정을 받은 것이지요. 특히 음란성, 반사회성, 자살, 도박 등 법률을 통해 금지하는 불법적인 내용이 들어 있거나, 불법적인 사이트로 연결되는 것을 금지하고 있습니다.

먼저 저품질이란 무엇일까요? 블로그 글 제목에 큰따옴표를 붙여서 "OOOO"으로 검색했을 때, 글이 노출되지 않거나 정상적인 키워드 글쓰기인데도 블로그 검색창 두 페이지 이후에 노출되는 경우를 말합니다. 저품질이 되는 이유에는 여러 가지가 있는데, 여기서는 총 여섯 가지로 정리해 설명해 보겠습니다.

첫 번째, 네이버가 싫어하는 금칙어를 자주 사용하는 경우입니다. 금칙어에는 금융과 관련된 용어, 의료법에 위배되는 단어, 불법적인 단어, 과장 광고로 보이는 광고성 단어 등이 있어요. 저의 경우 직접 다녀온 병원에 대한 후기를 썼는데도 주사의 효과를 자세히 썼다는 이유로 글 자체가 비공개 처리가 된 적이 있습니다. 의료법에 위배되었기 때문인데요. 병원 후기나 약의 효능 등을 쓸 때는 의료법 위반 여부에 특히 주의해야 합니다.

두 번째, 이슈성 글만 지속해서 발행하는 경우입니다. 블로그 방문자가 다른 글로 유입되지 않아 블로그 체류 시간이 짧아질 수 있어요. 이는 저품질의 원인이 되기도 합니다. 블로그 주제와 상관없이 방송 연예계의 이슈성 글만 지속적으로 발행하는 경우에도 블로그 지수에 좋지 않습니다. 게다가 이슈성 키워드로 유인한 클로킹cloaking, 검색 엔진 에서 인식되는 내용과 실제 사용자 방문 시 내용이 전혀 다른 문서나 사이트로 유도하는 기능 문서의 경우, 네이버가 가장 금지하는 것 중 하나이므로 글의 제목과 내용이 일치하도록 포스팅해야 합니다.

세 번째, 기계 생성으로 의심되는 문서나 본문 내 숨겨진 키워드가 삽입된 문서, 비정상적으로 보이는 반복 요소가 삽입된 문서는 네이버가 어뷰징 문서로 인식해 검색에 불이익을 받습니다.

이전에는 기계적으로 대량의 글을 생산해 글자 수만 늘리고 내용상 앞뒤 문맥이 전혀 맞지 않는, 자동 생성기를 이용한 글을 올리는 경우도 많았습니다. 이는 블로그 노출에 악영향을 줄 수 있어요. 키워드를 본문 에 몇 번 이상 넣으라는 지침에 맞게 본문에 자연스레 녹여 넣은 글이 아니라, 읽는 이의 눈에는 보이지 않게, 그러나 검색에는 걸리게 흰색 글씨로 키워드를 삽입하는 경우에도 노출이 되지 않습니다. 오히려 편법적인 어뷰징 블로그로 분류돼 모든 글이 노출되지 않는 저품질 블로그가 됩니다.

네 번째, 광고성 키워드를 남발할 경우 저품질 블로그가 됩니다. 광고성 키워드란 보험, 법률, 병원 등의 광고 글이 먼저 뜨는 키워드를 말합니다. 일부 블로거들의 경우, 원고료를 받고 이런 광고성 글만 쓰는데 이런 경우 저품질이 되기도 하니 주의해야 해요. 특히 같은 키워드를 반복해서 글을 연속으로 발행하면 광고성 블로그로 판단해 블로그 질이 떨어집니다. 또한 체험단, 제휴 마케팅 등 수익을 위한 글만 발행할 경우 네이버는 해당 블로그를 광고성 블로그로 판단해 신뢰도를 낮추어 저품질이 될 수 있습니다. 이는 세 번째 경우와 연결되는 내용이기도 하지요. 체험단이나 제휴 마케팅의 경우, 글로 인해 블로거에게 수익이 생겼거나 생길 수 있는 글로 일반적인 후기와는 차별이 돼 이런 글만 발행하면 저품질이 될 수 있습니다.

다섯 번째, 유사 이미지 또는 유사 문서는 저품질이 되는 가장 흔한 경우입니다. 기자단이나 원고 아르바이트를 하며 유사 원고를 사용하고, 다른 사람의 글을 복사해 붙여 넣기 하거나 이미지를 그대로 캡처해 사용하면 저품질의 원인이 됩니다. 기자단의 경우, 같은 사진을 여러 명의 블로거가 작성하기도 하는데 사진을 변형해 자신만의 이미지로 만들어야 저품질에 빠질 위험이 줄어듭니다.

여섯 번째, 본문에 외부 링크를 반복해서 삽입하면 네이버 블로그에 유입된 사용자가 다른 사이트로 유출되기 때문에 네이버가 싫어합니다. 글마다 외부 링크를 넣지 말고 하나의 글에만 외부 링크를 넣은 다음, 그 글의 링크를 여러 관련 글에 넣어 주는 것이 더 효과적입니다. 단, 네이버 플레이스나 네이버 스마트스토어 등 네이버 내의 사이트는 링크를 삽입해도 문제가 되지 않습니다.

PART 5

장기적 수익화를
위한 전략

지금까지 블로그를 통해 단기간에 쉽게 수익화하는 방법을 알아보았습니다. 부캐를 만들고 다양한 리뷰와 정보 글을 올려 체험단이나 원고료 등으로 수익을 얻는 방법이었습니다. 그러나 살면서 해 온 일이나 잘하는 것을 꾸준히 블로그에 글로 기록하면 더 큰 수익화를 이룰 수 있습니다.

저는 교육 분야 일을 해 와서 다양한 학습 정보와 시험 정보 등을 꾸준히 포스팅해 왔습니다. 전직 학원 강사라고 자신을 소개하고 아이들 학습지 등을 소개하며 신뢰를 쌓아 이와 관련된 제휴 마케팅으로 수익을 내기 시작했지요. 이것을 알리기 시작하자 블로그 강의 문의가 들어왔습니다. 학원 강사 출신의 블로그 강사로 알려지자, 많은 사람이 제 수업을 듣고 있습니다.

이런 식으로 자신이 잘하거나 꾸준히 해 온 것에 대해 꾸준히 글을 남기면 이 글들을 모아 전자책을 출간해 판매할 수도 있고, 이것이 강의로 연결돼 자신만의 브랜드가 만들어집니다.

브랜딩을 위해서는 가장 먼저 자신의 소개글을 공지사항이나 프로필로 만들어 알리는 것이 중요합니다. 블로그의 소개글에도 자신의 이력을 밝혀 글을 읽는 사람들에게 신뢰를 얻는 것이 필요하겠지요. 자신이 했던 일과 관련된 카테고리를 만들어 정보를 주는 '정보 글'도 꾸준히 발행하면 이를 통해 방문자가 유입돼 더욱 많은 사람에게 나를 알릴 수 있습니다

제 수강생 중에서 예를 들어 볼게요. 현재 해외구매 대행을 진행하며 디자인 공부를 하는 블로거인데요. 해외구매 대행보다는 디자인에 흥미를 느껴 상세 페이지 디자이너로 활동하기 위해 블로그 타이틀을 꾸미고 자신이 배우는 것을 꾸준히 발행하고 있습니다. 자신의 디자인을 별도의 카테고리로 분류해 원하는 사람에게 포트폴리오로 보여주기 위한 작업을 블로그에 진행 중입니다. 이렇게 자신을 브랜딩하여 디자인 의뢰를 받고, 강의를 하겠다는 목표를 세우고 있어요.

또 다른 사람은 스마트스토어를 운영하고 있습니다. 인스타그램과 블로그를 병행하며 스마트스토어를 위한 준비 과정, 소싱, 고객 상담 방법 등 다양한 팁을 기록하고 있어요. 글마다 스마트스토어에 관심 있는 사람들이 궁금해할 만한 키워드로 작성해 방문자를 유입시키고 있답니다. 이를 엮어 전자책이나 컨설팅, 강의 등으로 수익화하기 위해 자신만의 브랜딩을 하고 있어요.

즉각적인 효과를 얻는 인스타그램이나 유튜브도 홍보에 좋지만, 블로그만큼 많은 사람이 검색하고 오랜 시간 뒤에도 기록이 남아 있는 플랫폼은 없을 겁니다. 블로그에 사진과 영상, 글을 포스팅한 다음 같은 내용으로 인스타그램과 유튜브에 연동시키면 다양한 채널의 사용자들에

게 노출될 수 있습니다.

　그런데 지금 자신이 무엇을 잘하는지 모르겠다는 사람들이 많습니다. 그런 사람들이 브랜딩하는 방법은 블로그에 요즘 배우고 있는 것을 꼼꼼하게 정리하는 거예요. 재테크 공부 중이라면 그날 배운 재테크 용어에 대해 글을 쓰고, 재테크 관련 뉴스도 정리해 보세요. 이런 글들이 쌓여 '초보도 가능한 재테크'라는 주제로 왕초보들에게 쉽게 재테크에 대해 알려 주는 블로거로 브랜딩할 수 있습니다. 그 밖에 어떤 주제라도 좋아요. 당신이 관심 있어서 꾸준히 배우거나, 할 수 있는 일이면 좋습니다. 반려동물 키우기나 채소 키우기, 다이어트 방법, 요리, 무엇이든 꾸준히 기록하면 그것으로 당신을 브랜딩화할 수 있습니다. 블로그와 인스타그램, 유튜브를 연결해 활용하면 속도가 더욱 빨라집니다. 단순히 리뷰를 위주로 하는 블로거라면 맛집 후기를 블로그에 남긴 다음, 같은 사진과 동영상 등으로 인스타그램에 후기를 남겨보다 손쉽게 맛집 체험단에 선정될 수 있어요.

갈마동 고기집 찾으세요? 가성비갑 오늘정육식당 갈마본점 찐후기

관저동 샤브샤브 맛집 샤브톡톡 구성과 신선함에 반한 내돈내산 후기

대전 중앙시장 맛집 붕어빵 제작소 소프트아이스크림과 아기붕어빵 조합에...

맛집 관련 블로그 포스팅

블로그 포스팅과 동일한 맛집 관련 인스타그램 피드

브랜딩을 위한 블로그의 경우, 자신이 알리고 싶은 정보를 카드 뉴스로 제작해 블로그에 포스팅 후 카드 뉴스를 인스타그램에 업로드하면 블로그 이웃과 인스타그램 팔로워 모두에게 노출돼 더 큰 홍보 효과가 있습니다.

블로그 수익화 무료강의 녹화본 배포 이벤트 합니다
2023. 12. 29. 💬 40

초보도 가능한 블로그 수익화 무료강의 신청하세요
2023. 12. 21. 💬 2

2024년 블로그 성장과 수익화를 위한 블로그 모닝 함께해요

인생역전학교 무료강의: 홈페이지형 블로그 만들기 쉽게 따라해봐요

블로그 포스팅

인스타그램 피드

브랜딩을 위한 블로그 상단 메뉴 설정

앞에서 설명한 대로 프롤로그를 설정했다면 상단 메뉴 설정으로 다른 카테고리를 볼 수 있도록 해 블로그의 성격을 알리거나 브랜딩할 수 있습니다. 프롤로그에서는 카테고리가 보이지 않기 때문에 상단메뉴를 이용하는 것입니다. 예를 들어, 리뷰 블로거라면 맛집을 프롤로그에 보이도록 설정해 놓은 뒤 더 보여 주고 싶은 여행, 뷰티, 책 등의 카테고리를 상단 메뉴로 설정해 놓으면 방문자들에게 블로그의 성향을 잘 알릴 수 있고, 다른 글도 찾기 쉽게 할 수 있습니다.

이번에는 가장 보여 주고 싶은 카테고리를 프롤로그로, 그 밖에 더 보여 주고 싶은 카테고리를 상단 메뉴로 설정하는 방법을 알아보겠습니다.

프롤로그 상단에 작은 글씨로 설정된 메뉴를 볼 수 있다.

먼저 '블로그 관리'-'메뉴·글·동영상 관리' 탭을 클릭하세요. '메뉴·글·동영상 관리' 탭의 첫 화면에서 '상단 메뉴 설정' 화면이 보일 거예요. 아래쪽으로 살짝 스크롤하면 자신의 카테고리가 보일 겁니다. 이중 보여 주고 싶은 카테고리를 클릭해 '선택'을 누르면 선택한 메뉴의 카테고리명이 보입니다.

이때 작은 카테고리나 큰 카테고리 모두 선택이 가능합니다. 선택한 순서대로 상단 메뉴에 나타나므로, 상단에 보여 주고 싶은 카테고리를 먼저 클릭해 '선택' 버튼을 눌러 주세요. 아래쪽 '확인' 버튼을 클릭하면 위의 블로그처럼 타이틀 상단에 카테고리명이 설정됩니다.

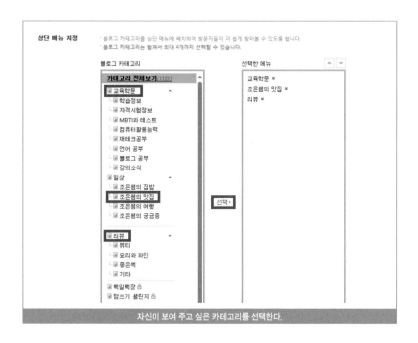

자신이 보여 주고 싶은 카테고리를 선택한다.

상단 메뉴를 통해 프롤로그에서 자신이 보여 주고 싶은 카테고리를 바로 클릭해 글을 볼 수 있으므로 업체 블로그의 경우 프로그램, 업체 소개 등을 카테고리로 만들어 상단 메뉴로 설정해 둔다면 고객이 원하는 정보를 바로 얻을 수 있어 마케팅에 도움이 되겠지요. 즉, 카테고리를 어떻게 나눠 설정하느냐도 나를 브랜딩하고 소개하는 데 중요한 요소입니다. 카테고리 나누기가 어렵다면 내 블로그와 주제가 비슷한 이달의 블로거를 벤치마킹하길 바랍니다.

블로그·인스타·유튜브를 동시에 키워 보자

브랜딩을 위해 SNS 채널을 연결하는 작업은 반드시 필요합니다. 블로그 모바일 홈에서 인스타그램 계정과 유튜브, 스토어 등을 연결할 수 있고, PC에서는 위젯으로 연결할 수 있습니다. 인스타그램에서 프로필 링크에 블로그와 유튜브를 연결해 놓아도 됩니다. 서로 연동하면 블로그 글과 인스타그램 이미지, 유튜브 동영상을 더욱 효과적으로 활용할 수 있습니다.

먼저 모바일로 SNS에 연결하는 법을 알아보겠습니다.

모바일 설정을 위해서는 앞에서 설명했듯 네이버 블로그 앱을 설치한 다음 '홈편집' 버튼을 눌러 대표글을 설정해 주세요. 대표글로 자기 소개나 책을 알리는 글을 설정해 두면 브랜딩에 도움이 됩니다. '홈편집' 버튼을 누르고, 아래쪽의 '+' 버튼을 누르면 인기글·대표글 설정과 외부 채널, 외부 채널 등록 화면이 나옵니다. 그중 인기글은 각각 블로그의 가장 최근 조회 수가 많은 글을 순서대로 보여 주며, 대표글은 자신이 설정하는 글을 홈 화면 아래에 가장 먼저 보이도록 설정할 수 있습니다.

브랜딩은 블로그, 인스타그램, 유튜브 등 다양한 SNS 플랫폼들을 연동해 각기 다른 채널에서 나를 알리고 한 가지 주제로 꾸준히 해 나

가는 모습을 사람들에게 보여 주는 게 가장 효과적입니다.

블로그의 PC 설정에 대해 알아보겠습니다. 모바일 앱과 PC는 설정이 다르기 때문에 모바일에 인스타그램이나 유튜브 등 외부 채널을 연결해 놓아도 PC에서는 동일하게 설정되지 않습니다. 그래서 PC용, 모바일용 세팅을 각각 해야 합니다. PC에서 다른 SNS와 연동하려면 위젯을 이용해야 하는데, 블로그 관리에 들어가기 전 비공개 글로 연동 SNS 로고를 만들어 두어야 합니다. 저는 인스타그램 연결을 위해 인스타그램 로고를 비공개로 만들어 두었어요. 로고 사이즈는 170×170px이 적당합니다. 이 이미지를 내 블로그에 위젯으로 사용해 클릭하면 인스타그램으로 연결되도록 설정하는 것입니다.

인스타그램 로고 연동

설정 방법은 '블로그 관리'-'꾸미기 설정'-'레이아웃 위젯 설정'을 클릭해 주세요. 오른쪽 하단 부분에 '위젯 직접 등록'이 보이면 클릭해 위젯을 설정하면 됩니다. 위젯 명과 위젯 코드 입력란을 채워야 위젯이 등록됩니다. 위젯명은 인스타그램 또는 위젯에 등록하려는 SNS 이름을 적고 위젯 코드 번호는 아래와 같이 붙여 넣으세요.

```
<a target="_blank" href="이동할 링크 주소"><img src="이미지 주소" width:"170px"></a>
```

여기서 "이동할 링크 주소"에 자신의 인스타그램 주소를 넣고, "이미지 주소"는 미리 작성해 둔 비공개글의 인스타그램 로고 이미지로 가서 오른쪽 마우스를 클릭해 '이미지 주소 복사'를 해 주세요. 복사된 이미지를 "이미지 주소" 란에 넣고 아래의 '등록' 버튼을 클릭하면 됩니다. 인스타그램 위젯이 잘 등록됐는지는 블로그 PC 홈으로 가서 확인하면 됩니다.

블로그와 다른 SNS를 함께 키운다는 것은 결코 쉬운 일이 아닙니다. 그러나 블로그에 포스팅한 글을 기본으로 다른 채널로 확장하면 세 가지 채널을 모두 키울 수 있습니다. 블로그에 올린 글을 대본으로 사용해 유튜브를 촬영하거나, 블로그 대표 사진을 위해 만든 카드 뉴스를 인스타그램에 함께 업로드하면 세 개의 플랫폼을 동시에 성장시킬 수 있습니다. 블로그와 유튜브, 인스타그램은 선호하는 층이 다르기 때문에 같은 내용의 콘텐츠를 더 많은 사람에게 노출시킬 수 있습니다.

✏️ 전문성과 이력을 강조하고 싶다면 홈페이지형 블로그

브랜딩을 목적으로 블로그를 세팅하기 위해 프롤로그형이나 프로필형 블로그도 사용하지만 홈페이지형 블로그를 사용하는 경우가 많습니다. 블로그 스킨을 브랜딩을 위한 디자인으로 변경한 다음, 큰 카테고리나 플레이스, 외부 채널 등으로 연결시켜 놓으면 업체 블로그나 전문 강사, 작가의 경우 자신의 강점과 이력 등을 홈 화면만으로도 보여 줄 수 있어 효과적입니다.

홈페이지 블로그를 만드는 전문적인 세팅 방법도 있지만, 여기서는 간단하게 홈페이지형 블로그 만드는 법을 알아보겠습니다.

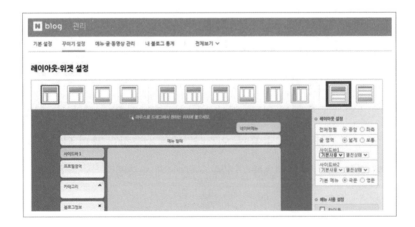

먼저, 레이아웃을 변경하고 타이틀을 제거해야 합니다. '내 블로그 관리'-'꾸미기 설정'-'레이아웃·위젯 설정'으로 들어가 레이아웃을 오른쪽에서 두 번째 것으로 변경한 후에 타이틀 옆 네모 칸을 빈 칸으로 남겨 두세요.

두 번째, 투명 위젯을 등록해야 하는데요. '+위젯 직접 능록'을 클릭해 위젯명을 입력하고 위젯코드 입력란에 아래와 같은 HTML 코드를 복사해 '다음'을 클릭, '등록'한 후에 투명 위젯 다섯 개를 만드세요.

```
<table width="170" border="0" cellspacing="0"
cellpadding="0"><tbody><tr><td width="170" height="600"
/></tr></tbody></table>
```

투명 위젯이 아래쪽에 생성되는데, 이를 마우스를 이용해 위쪽으로 끌어당겨 메뉴 형태 아래쪽으로 가져오면 됩니다.

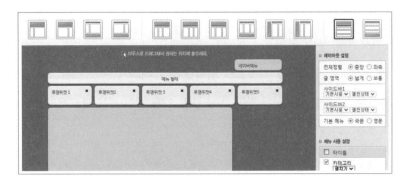

'적용'을 클릭한 다음 블로그에 들어가면 빈 공간이 타이틀 공간에 생길 거예요. 그 공간을 드래그해 보면 아래와 같이 투명 위젯이 보입니다.

셋째, 미리캔버스에서 스킨을 제작해야 하는데, 사이즈를 2,000×700px로 설정해 블로그 타이틀 면에 보일 이미지를 만들어 주세요. 미리 만들어 둔 투명 위젯과 사이즈 간격이 맞도록 디자인해 주어야 합니다.

넷째, 이제 만들어 둔 이미지를 등록해야 합니다. '내 블로그 관리'-'꾸미기 설정'-'세부 디자인 설정'으로 들어가 스킨 배경에서 '직접 등록'-'파일 등록'을 클릭해 미리 만들어 놓은 디자인을 적용시켜 주세요.

이미지를 적용한 후에 투명 위젯과 위치가 맞는지 공간을 드래그해 다시 한 번 확인해 보세요.

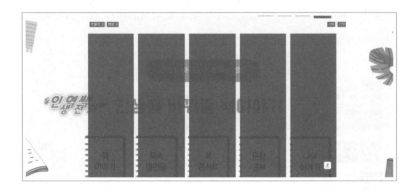

다섯째, 투명 위젯을 만들어야 하는데요. 다른 사람이 만들어 놓은 파일을 다운받아 써도 되지만 내 홈에 맞게 만들어 사용하면 더욱 좋습니다. 네이버 검색창에서 'pixlr'을 검색하면 픽슬러 사이트가 나옵니다. '디자인 프로젝트 시작'-'신규 생성'을 클릭한 후에 가로세로 사이즈를 180×700px로 설정해 생성해 주세요.

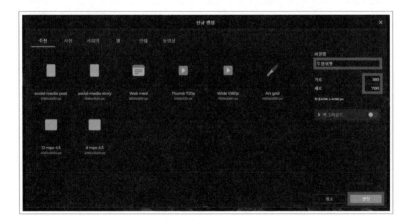

'다른 이름으로 저장'하기를 눌러 내 PC에 저장해 둡니다.

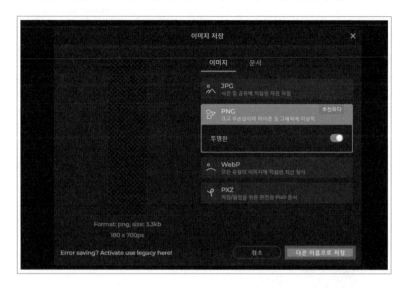

여섯째, 원하는 카테고리에 들어간 후 '글쓰기'를 눌러 만들어 둔 투명 위젯과 동일한 크기의 투명 png 파일을 블로그에 비공개로 업로드해 줍니다.

업로드된 게시글로 찾아가 이미지에서 마우스 오른쪽 버튼을 클릭해 '이미지 주소 복사'를 누른 후 메모장에 옮겨 놓으세요. 그리고 이동할 카테고리에 마우스 오른쪽 버튼을 눌러 '링크 복사'를 클릭하고 메모장에 옮겨 놓으세요.

블로그 이미지를 아래처럼 드래그해 해당되는 부분을 캡처한 다음 그림판으로 옮깁니다.

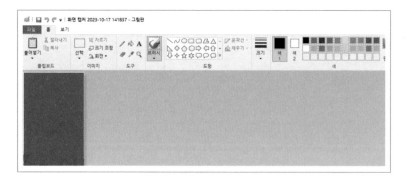

그림판에 옮겨진 그림 중 블로그 상단에서 클릭될 부분 왼쪽 상단과 오른쪽 하단 부분에 마우스 커서를 대 보면 숫자가 나오는데, 이 숫자도 메모장에 옮겨 놓으세요.

'내 블로그 관리'-'꾸미기 설정'-'레이아웃 위젯' 설정으로 들어간 다음 '위젯 사용 설정'-'Edit'을 눌러 기존에 있던 코드를 지우고 아래의 코드를 복사해 붙여 넣기를 해 줍니다.

```
<img src="위에서 복사한 투명위젯 이미지 링크 복사 주소"
usemap="#center" />

<map name="center">

<area shape="rect" coords="위에서 확인한 왼쪽 상단 좌표,오
른쪽 상단 좌표" href="복사한 카테고리 링크 복사 주소" target="_
top"/></map>
```

마지막으로 '다음'-'수정'-'적용'을 클릭한 다음 나머지 네 개의 위젯도 동일하게 코드를 넣어 주면 홈페이지형 블로그로 세팅됩니다.

타이틀에 들어갈 디자인을 어떻게 해 주느냐에 따라 블로그의 분위기와 주제가 확연하게 달라지므로 보여 주고 싶은 것이 잘 드러나도록 디자인하는 것이 중요합니다.

블로그를 단순히 체험단이나 애드포스트 등으로 수익을 올리기 위해 운영하는 사람도 있지만, 자신을 알리는 수단으로 운영하는 사람도 많습니다. 전자의 경우는 자신이 누구인지 알리지 않고 부캐를 만들어 운영하기 때문에 자유로운 글쓰기가 가능합니다. 그러나 후자의 경우 자신의 강점과 이력, 노하우 등을 소개하며 스스로를 알려야 하기 때문에 전략적인 글쓰기가 필요합니다.

이렇게 브랜딩을 위한 블로그는 이전에도 소개했지만 세팅부터 브랜딩 도구로 십분 활용해야 합니다. 프로필을 활용하거나 프롤로그, 홈페이지형 블로그 세팅 등으로 자신이 보여 주고 싶은 책이나 이력, 카테고리를 전면에 배치하고 글을 쌓아야 합니다. 특히 자신의 이력과 장점을 구체적으로 담은 글을 발행해 공지사항과 대표글로 설정해 두면 블로그에 유입된 방문자가 나에 대해 쉽게 알 수 있습니다. 그렇다면 브랜딩을 위한 글쓰기 방법에는 어떤 것이 있을까요? 다섯 가지로 정리해 보겠습니다.

첫째, 나만의 독특한 이력이나 성장 스토리, 지금 내가 하고 있는 일을 꾸준히 블로그와 연동된 SNS를 통해 알리는 글을 쓰는 것입니다. 내 경험이 누군가에게는 감동을 주고 공감을 얻어내며, 이를 따라 하려는 사람들이 생길 겁니다. 저의 경우는 블로그로 단순히 체험단을 시작했지만, 체험한 것을 블로그에 후기로 남기고 인스타그램을 통해 협찬 받은 것을 자랑했어요. 협찬의 양이 쌓이면서 부업으로 얻은 수익과 그동안의 스토리를 녹여내 글로 써서 올리니 자연스럽게 블로그 잘하는 사람, 블로그 강사로 브랜딩됐습니다. 블로그를 시작한 지 고작 1년이 조금 넘었을 뿐인데 말이지요.

둘째, 자신이 가진 전문성을 강조하는 글쓰기를 해야 합니다. 내가 가장 잘하는 일에 대한 팁을 하나씩 꾸준히 올리고, 이를 기본 대본으로 사용해 인스타그램이나 유튜브에 올려 전문성을 알리면 그 분야의 전문가로 브랜딩이 됩니다. 당신이 오랫동안 해 온 일에 대해 단순한 것부터 하나씩 써 보길 바랍니다.

셋째, 시각적인 콘텐츠를 활용해 브랜딩을 강화할 수 있습니다. 같은 글이라도 잘 꾸며진 대표 사진과 연관 사진, 동영상이 더 큰 효과를 불러옵니다. 저는 블로그에 글 하나를 쓰기 위해 맛집에 가면 100장에 가까운 사진을 찍어 그중 가장 잘 나온 사진으로 대표 사진을 걸어 사람들이 제 글을 읽고 싶어 하도록 만듭니다. 카드 뉴스를 SNS에 올려 강의를 알리고, 캔바나 캡컷과 같은 동영상 편집 플랫폼을 통해 나를 알리는 동영상을 만들어 릴스나 쇼츠 등으로 업로드하면 많은 사람들이 조회하고 방문자 수가 올라갑니다.

넷째, SNS에서 적극적인 활동을 연계해 글을 쓰며 자신의 블로그를 홍보하세요. 인스타그램이나 트위터, 페이스북 등에 블로그 대표 이미지 즉, 섬네일을 만들어 사람들을 궁금하게 한 다음 블로그 링크를 걸어 유입되게 만들어 보세요. 블로그에 이와 연관된 글을 여러 개 써 두어 유입된 글 아래에 링크로 연결시켜 두세요.

방문자들이 들어와 글을 여러 개 읽으면 블로그 지수가 올라가고 나에 대해 더욱 잘 알릴 수 있게 됩니다. 저는 블로그 꿀팁을 카드 뉴스로 만들어 첫 페이지만 인스타그램 스토리로 걸어 두고 '자세한 내용은 여기로'라고 써 두어 블로그로 유입되게 하고, 블로그 커뮤니티나 자기계발 단톡방에 블로그 링크를 올려두었습니다. 이런 꿀팁은 대부분의 사람들이 블로그를 하며 가장 궁금해하는 것들이기에 이 링크를 통해 많은 사람이 방문하곤 합니다.

다섯째, 검색엔진 최적화를 통해 내 글을 상위에 노출시켜 나를 브랜딩하는 글쓰기를 해야 합니다. 앞에서 키워드 글쓰기에 대해 설명해 드린 바와 같이 먼저 키워드 분석 사이트를 통해 경쟁력 있는 키워드를 찾아냅니다. 이를 제목과 본문에 녹여 넣어 내 글이 검색 상위에 노출되면 방문자가 많이 유입됩니다. 이는 단기간에 이룰 수는 없지만, 주제를 정해 꾸준히 키워드 글쓰기를 하면 그리 오래 걸리지는 않을 거예요. 저 역시 꾸준히 전문적으로 해 온 교육 관련 글이 쌓이면서 검색엔진이 최적화되었기 때문입니다.

여러분도 잘하는 일, 알리고 싶은 일을 정해 꾸준히 글을 발행하고 이를 SNS와 연동해 알리면 사람들에게 자연스럽게 브랜딩되어 있을 겁니다. 블로그 체험단을 열심히 했을 뿐인데, 블로그 강사로 브랜딩해 다양한 수익을 올리고 있습니다. 이 외에 브랜딩 블로그를 잘 운영하고 계신 분을 소개할게요. 매력브랜드랩 대표인 김지양 강사님입니다. 강사님은 블로그 타이틀로 자신이 어떤 일을 하는지 한눈에 보이도록 설정하고, 자신이 하는 일을 카테고리에 따라 주제별로 나누어 두었어요. 자기 소개글과 강의에 관한 자세한 내용 등을 올려 두고 강의와 관련된 전문 지식이나 팁 등에 대해 정보 글도 발행하고 있습니다.

브랜딩이 잘된 김지양 강사님의 블로그

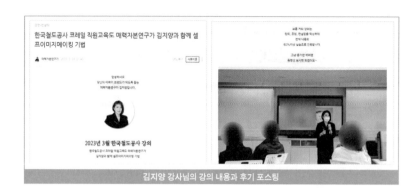
김지양 강사님의 강의 내용과 후기 포스팅

　어떤 대상을 위한 어떤 주제의 강의인지, 강의 내용과 후기를 포스팅해 이와 비슷한 강의의 강사를 필요로 하는 방문자에게 신뢰를 주고 있어요. 즉, 브랜딩 블로그를 운영하는 블로거라면 자신이 잘하는 분야의 글을 꾸준히 발행하며 자신이 하고 있는 일을 구체적으로 남기는 작업이 필요합니다.

나를 알리는 가장 좋은 방법, 무료 나눔

블로그를 하면서 나를 알리기 가장 좋은 방법은 바로 무료 나눔입니다. 여러분도 블로그를 하다가 '무료 나눔 이벤트'라는 글을 한번쯤 보았을 거예요.

저도 제 블로그 무료 강의 녹화본을 블로그 글로 무료 나눔한 적이 있습니다. 이웃글을 보고 들어와 무료 나눔을 신청하고, 다시 자신의 글을 공유하는 블로거가 많아지면서 댓글과 공유 수가 높아지더군요.

무료 나눔 글을 쓰는 방법은 자신만의 노하우를 전자책이나 강의 동영상으로 만든 다음, 이를 무료 배포하는 글을 블로그에 올려 공유하도록 하는 것입니다. 저는 매달 커뮤니티에서 하는 무료 강의 녹화본을 만든 다음, 무료 배포 이벤트 글을 블로그에 포스팅했어요. 줌 강의 내용에 대해 글을 읽는 사람이 궁금해하도록 강의 목차와 간단한 설명을 싣기도 했어요.

블로그 왕초보가 1년만에 2000만원 번 비법 줌강의
영상 무료배포 이벤트

조은쌤 2023. 3. 28. 10:14   URL 복사 ᴸᵃ통계 ⋮

일일 방문자수가 1000명을 넘으면
원고료가 포함된
다양한 체험을 통한 수익과
애드포스트 수익이 달라집니다

| 수입 예정액 | 노출수 | 클릭수 |

조은쌤의 줌 강의 영상 무료 배포 이벤트와 수입 예정액의 변화

무료 나눔의 조건으로 내 블로그를 이웃으로 추가한 다음 자신의
블로그에 내 글을 공유하고 댓글을 쓰도록 유도하면 됩니다. 공유된
글을 보고 나를 모르던 사람들도 내 글을 공유해 가는 연쇄 반응이
일어나, 이웃의 수가 늘어난답니다.

무료 나눔 이벤트는 글의 스크랩과 댓글 갯수가 부쩍 늘어나게 해 블로그 지수에 좋은 영향을 끼칩니다. 블로그에 포스팅으로 수익을 올린다는 마음보다는 누군가를 도와주겠다는 생각으로 꾸준히 한다 면 수익화는 당연히 뒤따라오게 될 거예요.

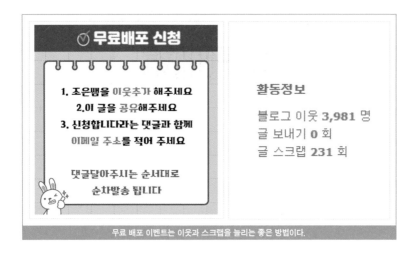

무료 배포 이벤트는 이웃과 스크랩을 늘리는 좋은 방법이다.

PART 6

미루지 않고 실천하는
자에게 기회가 온다

☑️ "정말 블로그로 제 삶이 바뀔 수 있을까요?" _□X

인스타그램과 유튜브, 스마트스토어 등 SNS나 플랫폼을 통해 수익화를 이루는 지름길은 바로 꾸준함입니다. 그러나 하루도 쉬지 않고 콘텐츠를 만들거나 상품을 올리는 것은 결코 쉬운 일이 아닙니다.

저에게 블로그는 그저 오늘 방문한 맛집에 대해 친구에게 소개하듯 정보를 나누고, 내가 알고 있는 작은 지식을 정리해 올리면 되는 공간이었습니다. 다른 SNS나 플랫폼에 비해 쉽고 꾸준히 할 수 있었지요. 특히 블로그는 다른 사람들이 써 놓은 정보를 요약해 내 블로그에 정리하는 것만으로도 노출이 되기 때문에 '오늘 뭘 쓰지?' 하는 걱정이 없었습니다.

처음 블로그를 시작했을 때, 저는 블로그에 매일 글을 쓰는 챌린지에 도전했습니다. 완주하면 블로그 강의료를 환급해 준다는 말에 정말 하루도 빠지지 않고 미션에 성공했습니다. 결국 한 달 동안의 챌린지에서 1등 상금을 받았고 제 블로그는 가장 빠르게 성장했습니다.

네이버는 매일 꾸준하게 좋은 글을 발행하는 블로거를 좋아합니다. 좋은 정보를 꾸준히 올리는 블로거의 글을 먼저 노출시켜 주지요. 저는 교육 관련 글을 매일 두세 개씩 발행했는데, 그런 꾸준함이 방문자 수 폭발로 나타났습니다. 방문자 수가 많아지니 다양한 협업이 들어왔습니다.

남편과 매일 저녁 분위기 좋은 맛집에 들러 처음 맛보는 음식을 무료로 대접받고, 집에 가면 쌓여 있는 택배를 정리하기 바빴습니다. 화장품에서부터 세제, 쿠션, 디퓨저, 액자 등 셀 수 없이 다양한 상품이 무료로 제공돼 직접 사용해 보고 리뷰를 남겼습니다. 주말이면 미용실에 가서 고가의 클리닉을 받고, 처음으로 피부관리 샵에서 데콜테 관리를 받았습니다. 연구원으로 일하면서 굳어진 어깨와 목 디스크 때문에 한의원에서 치료 받곤 했는데, 이곳에서 다양한 관리를 받으면서 뻣뻣해진 목과 어깨가 유연해지고 통증이 사라졌습니다. 통장 잔고는 늘어났고 이 모든 걸 즐기는 하루하루가 감사했습니다. 내일은 어떤 맛집을 갈까 행복한 고민에 빠졌고, 남편의 눈썹도 협찬 받아 반영구 문신을 해 주었습니다. 다음 날, 남편이 회사에 출근해 직원들에게 아내 자랑을 했다는 말에 너무나 가슴 뿌듯했습니다.

어린이집 교사의 적은 월급으로는 아이 둘 키우기가 감당이 안 돼 주말이면 알바를 하던 시절에는 상상할 수 없던 호사지요. 힘들게 살아 왔던 저를 사랑으로 감싸 주고, 결혼 전 빚까지 이해하고 함께 감당해 준 남편에게 블로그로 모은 돈으로 차를 사 주던 날 흘린 눈물은 지금도 잊을 수 없습니다. 그저 블로그를 꾸준히 하고 이웃과 열심히 소통했을 뿐인데, 제 삶은 블로그를 하기 전과 후가 확연히 다릅니다.

저는 사람들에게 희망을 주는 강연가가 되는 게 3년 전부터 비전

보드에 써 놓은 가장 큰 꿈입니다. 블로그 수익화 강의를 몇 명에게 줌으로 한 게 고작인 저에게 퍼스널 브랜딩 기업에서 비즈니스 강연을 해 달라는 연락을 받은 날, 남편에게 전화하며 눈시울을 붉혔습니다. 2022년 10월 처음 다른 강사님의 강의를 들으러 서울에 간 날, 저도 꼭 무대에 서 보고 싶다며 그날 온 강연자의 꽃다발을 빌려 무대 위에서 사진을 찍었습니다.

"이 무대에 설래. 언젠가는 나도 여기에 꼭 서고 싶어, 여보."

제 말에 남편이 빙그레 웃으며 사진을 찍어 줬는데, 블로그 강의를 시작한 지 넉 달 만에 정말 같은 무대에 강연자로 서게 됐습니다.

블로그 글로 나를 알리고 수익화하는 방법을 사람들에게 알려 주기 시작했을 뿐인데, 저는 누군가에게 '당신도 할 수 있다'는 희망을 주는 강연가가 되어 있었습니다.

주변 인스타그램 친구 중에 춤추는 동영상을 릴스로 꾸준히 올려 지금은 한 달에 몇 백만 원씩 수익을 창출하는 사람이 있습니다. 유튜브에 재미있는 영상을 쇼츠로 올려 다양한 수익화를 이루는 사람의 이야기도 들었습니다.

자신에게 맞는 플랫폼을 찾아 꾸준히 노력하면 수익을 올리는 길이 열립니다. 제가 블로그를 시작하던 것과 비슷한 시기에 스마트스토어를 시작한 저의 절친은 제가 블로그에 매일 포스팅하듯 스마트스토어에 매일 수천 개의 상품을 올려 현재는 높은 수익을 얻는 사업가가 됐습니다. 이 또한 꾸준함의 힘이겠지요.

이런 꾸준함만 있으면 가장 돈 벌기 쉬운 곳이 바로 블로그입니다. 어렵게 생각하지 마세요. 쉽게 포스팅하는 방법이 많습니다. 아직 시작하지 않았다면 지금 블로그를 개설하러 가세요. 그냥 당신의 오늘 일상을 누군가에게 도움이 되길 바라며 블로그에 기록해 보세요. 그리고 꾸준히 소통하면 저와 같이 삶이 바뀌는 선물을 받을 수 있을 겁니다.

"정말 블로그로 제 삶이 바뀔 수 있을까요?" 223

중도 포기하지 않으려면 목표를 명확히 하라

블로그를 저와 같은 마음으로 시작했다가 중간에 포기하거나 어렵다고 토로하는 사람들이 많습니다. 매일 같이 글을 올리기가 어렵다, 중간에 방문자 수가 줄어들어 그때부터 헤매기 시작했다 등 여러 가지 이유가 있더군요. 이렇게 만만치 않은 블로그를 제가 2년 동안 꾸준히 해 왔던 것은 네 가지 이유에서였습니다.

첫 번째, 정확한 목표가 있었습니다. 저에게는 한 달에 100만 원을 벌어 보자는 뚜렷한 목표가 있었고 이를 위해 목표를 잘게 쪼개 실천했습니다. 가장 먼저 일주일 안에 일 방문자 수 100명 넘기를 목표로 정하고, 매일 서로이웃 100명 추가 신청과 댓글 100개 달기를 14일간 해 보자는 작은 목표도 정했습니다. 일주일 후 방문자 수가 200명이 넘어서자, 저는 목표를 상향 조정해 일 방문자 수 500명을 만들기 위해 키워드 글쓰기를 배우고 직접 실천에 옮겼습니다. 후기를 쓸 때도 키워드를 분석해 제목과 해시태그를 넣었습니다. 이런 노력이 쌓여 한 달 만에 일 방문자 수 500명을 넘었습니다.

일 방문자 수가 올라가자 자연스럽게 체험단에 선정이 됐습니다. 그것으로 적은 액수라도 수익이 나니 더욱 재미를 느끼고 시간이 많은 날은 하루에 포스팅을 세 개 올리기도 했습니다. 그 후 일 방문자 수 1,000명이 목표가 됐고, 얼마 후 그 목표는 달성됐습니다. 이렇게 여러분도 블로그를 시작했다면 정확한 목표를 설정하고 이를 이루기 위한 단계별 목표를 정해 실전해 보실 바랍니다.

두 번째, 챌린지 참여 덕분입니다. 혼자서 블로그를 운영하는 것은 쉽지 않습니다. 그럴 때 스스로 글을 쓸 수밖에 없는 환경을 만드는 것이 도움이 됩니다. 저도 처음 블로그를 시작할 때 챌린지에 참여해 매일 카페에 글을 인증하며 꼭 완주하자고 스스로를 독려했습니다. 챌린지에 함께 참여하는 사람들과 서로를 응원하며 힘을 얻기도 했지요.

챌린지 완주 후에 오는 성취감과 작은 보상이 힘든 순간을 견디고 꾸준히 글을 쌓게 하는 원동력이 됩니다. 제가 운영하는 인생역전학교 커뮤니티에서는 한 달간 매일 글을 인증하면 상위 노출에 유리한 황금 키워드를 나눠 드려 많은 사람이 참여했습니다. 여러분도 블로그 성장을 원한다면 챌린지에 참여하기를 강력하게 권합니다.

세 번째, 바로 시간 관리 덕분입니다. 챌린지에 참여한 사람들 중 시간이 없어서 글을 못 쓴다고 토로하는 사람을 간혹 봅니다. 그런 사람들을 위해 커뮤니티에서 시간 관리법에 대한 무료 강의를 진행하곤 했는데요. 대부분의 블로그 활동은 짜투리 시간을 이용한 부업입니다. 그렇다면 짜투리 시간을 어떻게 만들어야 할까요? 다이어리 또는 시간별 To Do List 작성을 권해 드립니다. 저는 매년 연말 조금 큰 다이어리를 구입하곤 합니다. 매일 해야 할 일, 즉 To Do List와 시간대별 해야 할 일을 나눠 쓸 수 있도록 하루를 기록하는 다이어리를 작성합니다. 매일 아침 하루를 시작할 때, 혹은 전날 밤에 다음 날 해야 할 일을 나열한 뒤 시간대별로 그것을 나눠 적고, 다른 색깔의 볼펜으로 이룬 것은 동그라미를 쳐 줍니다. 오늘 못한 일은 형광펜으로 강조해 두어 내일 꼭 할 수 있게 합니다.

이때 중요한 것은 매일 블로그를 쓰는 시간을 정해 두는 것입니다. 매일 같은 시간대에 한 시간 정도 비워 두는 것이 효과적이고 습관적으로 글을 쓰게 합니다. 저의 경우는 점심 식사 후 커피 한잔과 함께 무조건 블로그 글을 하나씩 발행했습니다. 이렇게 일정한 시간에 글을 발행해 챌린지에 참여했습니다. 부득이한 경우 미리 두 개의 글을 써 둔 후 예약 발행을 통해 매일 포스팅을 잊지 않았습니다.

네 번째, 흥미로운 주제로 포스팅하기입니다. 이것은 관심 있는 분야에 대해 글을 써야 지루하지 않게 포스팅을 마칠 수 있기 때문입니다. 아무리 돈이 되는 일이라도 억지로 글을 쓴다면 십중팔구 꾸준히 할 수 없게 되지요. 내가 관심 있는 분야, 잘 아는 분야, 혹은 배우고 있는 분야에 대해 포스팅한다면 지루하지 않고 즐겁게 매일 포스팅하며 자신이 배운 것 또는 알게 된 것을 정리할 수 있습니다.

이렇게 정확한 목표를 세우고 챌린지에 참여해 할 수밖에 없는 환경을 만들고, 시간 관리를 통해 나를 변화시켜 나가면 포기하지 않고 좋아하는 주제의 글을 매일 포스팅할 수 있게 됩니다. 이는 제가 몇 번이나 강조한 블로그 수익화를 가능하게 하는 기본 요건입니다.

새로운 스타 블로거는 지금도 탄생하고 있다

제가 블로그 컨설팅을 해 주며 블로그 잘하는 사람으로 알려지기 시작할 무렵이었어요. 어느 날, 지인과 함께 강연장에 가는 길이었지요. 함께 가던 지인이 블로그 챌린지 커뮤니티를 운영한다며 자신의 커뮤니티에서 줌 강의를 해 달라고 부탁해 왔습니다.

처음에는 자신이 없었어요. 저는 블로그를 시작한 지 2년도 되지 않은 초보 블로거이고, 저보다 블로그에 대해 더 잘 아는 사람이 많을 텐데, 대중 앞에서 강의를 한다는 게 과분하다는 생각이 들었지요. 그러나 지인은 왕초보를 위해 더 잘 알려 줄 수 있는 건 막 왕초보 딱지를 뗀 초보라며, 수익까지 낸 경험을 블로그 왕초보들에게 재능기부한다는 마음으로 해 달라고 저의 마음을 흔들었습니다. 그녀의 말에 용기를 내 직접 해 본 경험을 바탕으로 성심껏 강의를 시작했는데 반응이 폭발적이었습니다. 무료 강의를 들은 사람들이 유료 코칭 강의 신청을 하기 시작했어요.

처음 유료 코칭을 시작했던 1기 수강생은 10명이었습니다. 개인별 블로그 진단과 일대일 코칭을 한 달 동안 진행하며 황금 키워드를 이용한 글쓰기 방법을 알려 드렸어요. 코칭을 받은 대로 쉬지 않고 따라

온 수강생들은 대부분 포스팅한 글이 상위에 노출되고, 방문자 수가 급격히 느는 것을 경험했습니다. 서로 단톡방에서 자랑하며 블로그 세팅과 키워드 글쓰기의 중요성에 대해 알게 됐지요. 제가 공유해 준 체험단을 통해 한 명 두 명 체험에 당첨되거나, 애드포스트를 신청해 승인되었습니다.

그중 가장 열심히 따라 준 월천쩡이님은 블로그 주제부터 별명, 블로그명까지 함께 고민하고 만들었습니다. 비즈니스·경제를 블로그 주제로 잡고 매일 블로그에 황금 키워드를 이용해 좋은 글을 포스팅하기 시작했어요. 월천쩡이님의 블로그는 급격히 성장했고, 첫 달에 체험단으로 80만 원의 수익을 올렸습니다. 월천쩡이님은 더 열심히 글을 쌓았습니다. 그 결과, 제가 했던 것처럼 석 달 만에 일 방문자 수 1,000명을 넘겼습니다. 그리고는 쇼핑하듯 자신이 원하는 것을 체험하게 됐지요. 그러나 그분은 여기서 만족하지 않고 더 많은 길을 만들어 나갔습니다.

월천쩡이님은 상위 노출이 잘되는 대표 사진을 만들기 위해 미리캔버스를 배우고, 매일 이를 블로그에 활용한 뒤 초보자들을 위한 미리캔버스 관련 전자책을 발간했습니다. 이를 무료 강의를 통해 알리며 개인 코칭을 시작했습니다. 이 모든 과정을 블로그에 포스팅하며 미리캔버스 활용 전문가로 브랜딩했습니다. 그런 후에 전자책 표지 디자이너가 돼 블로그뿐만 아니라 다양한 곳에서 수익을 얻게 됐답니다. 그저 블로그를 시작했을 뿐인데, 6개월 만에 생각지도 못한 삶을 살게

됐다고 합니다.

　서평단 블로그로 시작했던 핑크톡톡님은 키워드보다는 책 서평 위주로 글을 매일 써 왔었습니다. 그러나 서평만으로 블로그를 운영하기란 힘든 일이어서 사람들이 궁금해할 만한 주제로 블로그를 운영해 볼 것을 권해 드렸어요. 그러자 핑크톡톡님은 교육·학문으로 주제를 바꾸고 다양한 학습 정보 등을 블로그에 포스팅하며 블로그 지수를 올리기 시작했지요. 이후 교육·학문 주제의 황금 키워드로 꾸준히 좋은 글을 포스팅한 결과, 석 달 만에 일 방문자 수가 4,000명을 넘기는 엄청난 성장을 이뤄 냈습니다. 체험단이나 수익화보다는 블로그의 성장에 더 중점을 두어 쉬지 않고 포스팅했기에 단기간에 이런 좋은 결과를 이끌어낼 수 있었습니다. 핑크톡톡님은 인스타그램도 단기간에 팔로워 만 명을 넘기며 자기계발과 교육 분야에서 브랜딩하고 있습니다. 요즘은 블로그와 인스타그램 노하우를 통해 스마트스토어에 진출하기 위해 오픈을 준비하며 지금까지와는 전혀 다른 길을 가고 있습니다. 그분 역시 블로그를 하기 전에는 꿈꾸지 못했던 삶을 살고 있답니다.

　함께 성장하는 수강생들을 보며 제가 특별해서 이런 결과를 가져온 것이 아니라는 확신이 들었습니다. 누구나 방향을 알고 매일 꾸준히 좋은 글을 기록한다면 블로그는 성장하고, 수익화의 발판이 됩니다. 지금 시작하면 다른 사람들이 한 것처럼 당신도 1년 만에 2,000만 원을 모으는 제2의 조은쌤이 될 수 있습니다. 이 두 분 외에도 각자의 목표에 따라 자신의 블로그를 성장시켜 나간 사람이 많습니다. 제가 블로그를 키운 방법을 그대로 따라 하며 수익화를 이뤄 낸 사례를 더 소개해 보겠습니다.

1. 일상 후기로 월 100만 원 수익 도전!

일상 후기 블로그로 월 100만 원 수익에 도전해 이뤄 내고 있는 제 2의 조은쌤 두 명을 소개해 보겠습니다. 맛집 주제로 블로그를 운영하며 다양한 맛집 협찬으로 즐거운 날을 보내고 있는 해피자니님과 패션·미용을 주제로 피부관리, 화장품 등 뷰티 관련 협찬을 받는 열혈맘님이에요.

2023년 1월 무료 강의를 듣고 블로그 챌린지와 유료 컨설팅을 신청한 해피자니님은 컨설팅을 통해 맛집으로 블로그 주제를 정했어요. 세종시에 사는 해피자니님은 주변 맛집이나 카페 방문을 워낙 좋아했기에 그렇게 결정했답니다. 그 후 한 달 동안 맛집을 주제로 매일 블로그 쓰기 챌린지를 하자, 블로그 지수가 올라가고 맛집 후기가 상위에 노출됐어요. 서로이웃과의 꾸준한 소통으로 소통 점수가 더해져 기존에 써 놓은 글도 상위에 노출되기 시작했지요. 강의에서 배운 키워드 검색 및 분석 방법, 상위 노출을 위한 글쓰기를 매일 포스팅에 적용했답니다.

2023.11. 월간	24,816
2023.10. 월간	22,690
2023.09. 월간	16,480
2023.08. 월간	16,294
2023.07. 월간	10,778
2023.06. 월간	7,011
2023.05. 월간	8,042
2023.04. 월간	7,978
2023.03. 월간	5,887
2023.02. 월간	2,484
2023.01. 월간	917

세종시 맛집을 올려 상위 노출된 해피자니님의 블로그. 월 방문자 수가 확연히 늘어난 것이 보인다.

해피자니님은 프롤로그를 맛집으로 꾸며서 누가 봐도 맛집 블로거로 보이게 만들고, 지역 맛집을 검색해 체험단 신청을 하자 이에 선정되기 시작했어요. 3월에는 애드포스트도 승인돼 적은 액수지만 자동으로 돈이 들어오게 되었답니다. 맛집 블로거이기 때문에 다양한 주제나 황금 키워드 적용이 쉽지 않았지만, 쉽게 쓸 수 있다는 이점을 이용해 매일 한두 개의 포스팅을 쉬지 않고 했습니다. 그 결과, 2023년 한 해 동안 맛집 체험으로 300만 원이 넘는 수익을 냈습니다. 이외에도 애드포스트와 제품 협찬 등을 통해 월 수익 100만 원에 도전하고 있어요. 월 방문자 수 변화를 보면 블로그가 성장하는 것이 그대로 보입니다. 2023년 1월 블로그를 시작해 917명이었던 월 방문자 수가 1년 만에 24,816명으로 증가했어요.

카테고리 ︿

🗒 **전체보기** (402)

📊 **reviewlog** (347) Ⓝ ︿
    ⌐ 📊 **맛집** (181) Ⓝ
    ⌐ 📊 **카페** (97)
    ⌐ 🗒 **여행**
    ⌐ 📊 **상품리뷰** (33)

- - - - - - - - - - - - - - - - - - - -

📊 **책이야기** (11) ▾
🗒 **소소한 일상 이야기** (30)
📊 **알쓸신잡** (11)
🗒 **MKYU열정대학** (3)
🗒 **[블챌] 체크인 챌린지**

지도위에 글 343

국내　해외

세종 디저트 세인트 도넛 먹어본 솔직
후기
2023. 12. 24. ⊖ 8

세종시 장군면 맛집 아리에뜨 다녀온
솔직후기
2023. 12. 22. ⊖ 9

나성동 맛집 순환 양꼬치 다녀온 솔직
후기
2023. 12. 21. ⊖ 9

분위기가 이쁜 동탄 맛집 정원171 다
녀온 솔직후기
2023. 12. 19. ⊖ 28

동탄 노작공원 맛집 남도연 다녀온 솔
직후기

세종 나성동 맛집 숙성 본가 LA갈비
다녀온 솔직후기

세종시 반찬가게 남남 테이블 다녀온
솔직후기

어진동 맛집 명계가 다녀온 솔직후기
2023. 12. 15. ⊖ 12

해피자니님의 블로그, 지역 맛집 블로그임을 쉽게 알 수 있다.

해피자니님은 처음 블로그를 시작할 때 책과 소소한 일상 이야기로 카테고리를 나누고 챌린지에 도전했는데, 블로그 지수에 도움이 되지 않았습니다. 그러나 이후에 블로그 목적에 맞는 주제를 정하고 매일 글을 쌓기 시작했어요. 앞의 지도를 보면 지역 맛집 글이 많은 것을 알 수 있어요.

주소 : 세종 나성복로 47 나릿재마을4단지 132호, 133호, 134호
영업시간 : 매일 10:00-22:00
브런치 10:00-15:00 14:50 라스트 오더
☎044-867-0530
주차, 포장, 무선 인터넷

다양한 이모티콘을 활용한 해피자니님의 포스팅

해피자니님의 후기 글을 살펴보면 초보인 여러분도 쉽게 도전할 수 있다는 걸 알 수 있을 겁니다. 해피자니님은 맛집이나 카페를 방문할 때마다 정보를 포함하도록 사진을 여러 장 찍어 두었습니다. 맛집 입구부터 주차장, 전체적인 분위기, 메뉴판 등 맛집에 대해 설명해 줄 수 있는 것을 모두 찍었지요. 사진과 함께 지도, 영업시간 등 필요한 정보를 꼼꼼하게 넣어 글을 작성했어요. 여기에 귀여운 스티커를 이용해 가독성을 높이고 움짤과 동영상 등을 삽입해 글을 더 풍성하게 했어요.

맛집 블로그가 힘든 점은 누구나 쉽게 쓸 수 있고 체험단 활동이 가장 많아 경쟁이 치열하다는 점이에요. 경쟁이 치열한 주제였지만 정성들여 찍은 사진과 다양한 정보를 넣어 꾸준히 글을 포스팅한 결과, 이런 성장을 이뤄 냈어요.

귀여운 스티커와 동영상 등을 다양하게 활용하면 좋은 반응을 얻을 수 있다.

만약 맛집 블로그를 꿈꾸며 다양한 체험을 원한다면 꾸준히 맛집 정보를 담은 체험 후기를 써 보세요. 장소 정보는 물론 앞에서 설명한 키워드 분석 방법을 통해 노출이 쉬운 키워드를 제목과 본문, 해시태그에 넣고 꾸준히 발행하면 여러분도 맛집 체험으로 외식비를 아끼는 블로거가 될 수 있습니다.

　일상 후기로 성장한 두 번째 블로거인 열혈맘님은 2023년 4월 블로그 챌린지에 도전한 후 7월에 유료 강의와 컨설팅을 받고 방문자 수가 급격히 늘기 시작했어요. 처음에는 감사 일기나 강의 후기 등 자신의 경험을 다양하게 기록하다가, 수익화를 위해 카테고리를 나누고 키워드 글쓰기를 통해 방문자 수를 늘려 갔습니다. 체험단과 기자단, 쿠팡 파트너스 등으로 다양한 수익을 내기 시작하며 한 달에 40건 이상의 협찬을 받았습니다. 그 후 블로그 주제에 대해 고민하다가 패션·미용으로 주제를 잡고 뷰티 전문 리뷰 블로거로 자신을 브랜딩하기 시작했답니다.

일간현황	방문분석	사용자분석		순위
2023.12. 월간	19,679	9	46	19,630
2023.11. 월간	16,922	13	63	16,860
2023.10. 월간	17,659	20	37	17,607
2023.09. 월간	16,554	11	25	16,522
2023.08. 월간	19,228	20	25	19,191
2023.07. 월간	10,637	21	33	10,590
2023.06. 월간	7,304	22	36	7,256
2023.05. 월간	8,537	24	38	8,484
2023.04. 월간	4,196	21	54	4,147
2023.03.	3,888	16	42	3,862

뷰티 전문인 열혈맘의 블로그

대표 사진을 자신만의 스타일로 통일해 프롤로그만으로 패션·미용 주제인 블로그로 보이게 세팅해 두었어요. 체험단이나 마케팅 업체에서는 보통 PC를 통해 섭외하기 때문에 이렇게 설정해 두면 화장품이나 피부관리, 미용실 등 관련 협찬이 들어오기도 합니다.

뷰티 블로거는 맛집과는 다르게 자신의 얼굴을 노출해야 하는 경우가 많습니다. 열혈맘님은 자신만의 스티커를 이용해 가독성 있게 글을 쓰고 Before와 After 비교 사진을 만들어 방문자의 궁금증을 풀어 주는 글로 많은 공감을 얻고 있어요.

Before, After를 활용해 방문자들의 궁금증을 풀어 주면 많은 공감을 받는다.

열혈맘님은 그 외 미용 관련 제품 후기를 정성스레 쓰고 쿠팡 파트너스 수입도 조금씩 얻고 있습니다. 자신의 주제에 맞는 제품을 사용하고 제품 후기를 쓴 뒤 쿠팡 파트너스 링크를 삽입해 수익을 내고 있어요. 처음에는 과연 누가 내 글의 링크로 물건을 주문해 수익이 날까 의심했는데, 소소하게 수익이 생기는 것을 보고 블로그의 힘을 다시 한 번 느꼈다고 합니다.

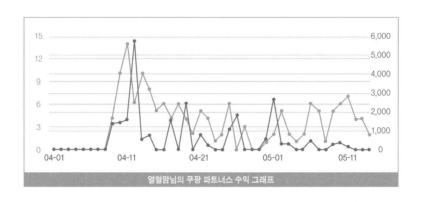

열혈맘님의 쿠팡 파트너스 수익 그래프

매일 체험단 선정 알림을 받으며 행복한 날을 보내고 있다는 열혈
맘님은 체험단에 선정되는 노하우가 생겼습니다. 제가 제공해 준 체험
단 목록을 이용하기도 하지만, 가고 싶은 맛집 후기를 살펴보고 배너
를 통해 체험단 이름을 알아내 새로운 체험단 업체를 찾아 나서고 있
지요. 그런 체험단 업체의 경우, 경쟁률이 낮아 더 쉽게 선정될 수 있
어요. 그동안 미용실이나 화장품 등 체험으로만 월 100만 원 이상의
수익을 올리고 이제는 원고료를 받는 포스팅이나 기자단, 애드포스트
를 통해 그 이상의 수익에 도전하고 있습니다.

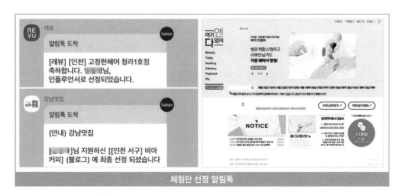

체험단 선정 알림톡

2. 한 가지 주제로 꾸준히 인플루언서에 도전!

이번에는 반려동물과 요리 레시피라는 주제로 꾸준히 포스팅하며 블로그 지수를 최적화시키고 인플루언서에 도전하는 제2의 조은쌤 두 명을 소개해 보겠습니다. 고양이 두 마리를 키우며 고양이들의 일상과 용품, 그 외 반려동물에 대한 정보를 매일 포스팅하는 도도루씨님과 매일 다른 메뉴를 정해 요리 재료와 레시피를 포스팅하는 친정엄마맘 뭉구님입니다.

도도루씨님은 '루씨'라는 고양이와 얼마 전 입양한 '나나'를 키우며 고양이 집사들이 궁금해할 고양이의 일상과 팁, 다양한 정보를 매일 포스팅하고 있어요. '반려동물'이라는 주제에서 벗어나지 않고, 이달의 블로그 등을 벤치마킹해 글의 소재를 발굴해 다양한 반려동물 정보를 전달하는 블로거랍니다.

도도루씨님의 목표는 반려동물 주제의 인플루언서가 되는 것이에요. 그래서 수익화를 위한 다른 활동은 거의 하지 않고, 애드포스트로 소소한 수익을 얻으며 고양이 용품을 가끔 협찬 받아 쓰고 있지요. 그런 노력의 결과가 블로그 지수로 나타났습니다. 2005년부터 시작한 블로그가 잦은 글 수정으로 준최1준최적화 1단계, 블덱스 사이트에서 제공하는 블로그 지수 단계의 하나로 내려가 잠시 좌절했지만 포기하지 않았습니다. 코칭을 받으며 매일 글을 쓴 결과, 얼마 전 최적1최적화 1단계, 블덱스의 블로그 지수 단계에 올랐다고 메시지를 보내왔지요.

반려동물을 주제로 한 도도루씨님의 블로그

　　도도루씨님은 루씨를 키우며 궁금한 점을 블로그에서 자주 찾아보
며 도움을 받았다고 합니다. 이후 인플루언서들의 이야기를 듣고 자신
도 다른 사람들에게 좋은 정보로 도움을 주는 인플루언서가 되어야
겠다는 목표를 세웠어요. 오래전에 개설했지만 메모장처럼 사용하던
블로그를 새로 세팅하고, 다양한 강의를 듣다가 제 컨설팅을 받기 시
작했어요. 대표 사진의 중요성을 알고는 모든 글의 대표 사진을 수정
하다가 지수가 준최1로 떨어지는 최악의 상황을 맞이한 적도 있어요.
글을 자주 수정하면 블로그 지수에 좋지 않다는 것을 몸소 경험한 거
지요. 그러나 거기서 포기하지 않았습니다. 좋은 키워드를 찾고 산책

하며 만난 반려동물들의 사진을 정성들여 찍어 정보를 담아 꾸준히 올렸어요. 사진을 구하기 힘들 때는 유튜브 등에서 캡처하거나 미리캔버스에서 사진을 수정해 유사 이미지가 되지 않도록 했답니다. 대표 사진도 미리캔버스에서 디자인해 두고 글자와 사진만 바꿔 통일성을 주어 블로그 화면을 정리했어요.

도도루씨님은 유사 이미지 등에 대비해 디자인을 수정해 올리고 있다.

블로그명도 처음에는 'miso'라고 지었지만 컨설팅을 통해 좀 더 기억에 남기 쉬운 '집사랑루씨랑 알콩달콩'으로 바꾸며 펫 블로거다운 블로그명을 갖게 됐어요. 주제에 맞는 카테고리 설정을 통해 전문가다운 모습을 갖추고, 이웃 관리의 중요성을 깨달아 이웃과 소통하여 현재 이웃 수가 4,500명이 넘었습니다. 또, 키워드에 대해 다양한 분석 방법을 배운 후 새로운 키워드를 발굴하고 로직에 맞는 글을 써 많은 글이 상위 노출되고 있어요. 블로그 지수의 상승으로 상위 노출이 더욱 쉬워져 블로그 방문자 수가 우상향하는 것을 방문자 수 분석표에서 알 수 있어요.

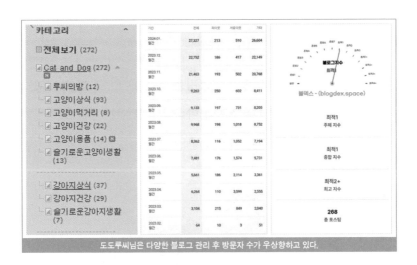

도도루씨님은 다양한 블로그 관리 후 방문자 수가 우상향하고 있다.

　루씨와 나나를 위한 용품 등을 협찬 받으며 제품 후기도 꾸준히 쓰고 있어요. 꾸준함과 일관성, 전문성을 좋아하는 네이버가 조만간 도도루씨님을 인플루언서로 승인해 그녀가 꿈을 이룰 거라고 확신합니다.

　요리 레시피로 블로그를 운영하는 친정엄마맘 뭉구님은 닉네임에서 알 수 있듯 친정엄마의 마음으로 만드는 자신만의 레시피와, 요리 관련 스토리, 음식의 효능 등을 알리며 인플루언서가 되기를 꿈꾸고 있습니다. 친정엄마맘 뭉구님은 요리 관련 일을 하다가 지금은 그동안 했던 요리를 기록으로 남기고자 블로그를 시작했어요. 2023년 12월에 제 강의를 듣고 블로그 세팅부터 시작했습니다. 카테고리를 변경하고 키워드 분석을 배우고는 글이 달라졌답니다.

　그러나 처음에는 매일 하나의 글에 여러 가지 메뉴를 한꺼번에 포스팅하고, 같은 음식에 대해 또 올리곤 했답니다. 당연히 그녀의 블로그는 노출이 거의 되지 않았어요. 이후 요리 블로그로 세팅하고 글 제목부터 바꾸기 시작했습니다. 사정상 매일 글을 쓸 수 없어서 주말을 제외한 평일 5일간 빠지지 않고 포스팅을 했는데도 보름 만에 효과가 나타났어요. 그녀는 1일 1 포스팅이 아니어도 한 가지 주제로 양질의 포스팅을 꾸준히 하는 것이 블로그 운영에 가장 중요함을 직접 증명해 주었습니다.

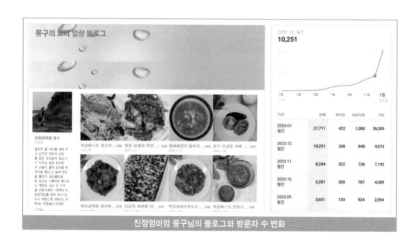

친정엄마맘 뭉구님의 블로그와 방문자 수 변화

준최5였던 블로그 지수가 한 달 만에 준최7로 상승하고, 정성스럽게 쓴 글이 상위에 노출되기 시작했지요. 친정엄마맘 뭉구님이 자신만의 레시피와 직접 찍은 맛깔스러운 요리 사진, 순서, 효능 등 정보를 넣어 네이버가 좋아하는 양질의 글을 쌓았기 때문이에요. 앞에서 보듯 2023년 9월 3,651명이었던 방문자 수가 컨설팅을 받은 12월에 10,251

명, 2024년 1월에 27,711명으로 늘어났어요. 글의 상위 노출도 한몫했지만 진솔하게 쓴 떡국 레시피를 올린 글이 핫토픽에 선정되며 방문자가 급격히 늘었기 때문이에요.

핫토픽에 소개된 친정엄마맘 뭉구님의 떡국 만들기 포스팅

이후에도 꾸준히 자신만의 레시피를 포스팅하며 레피시 플랫폼인 만개의레시피에서 협업 메일을 받고 활동하며 브랜딩까지 하고 있어요. 업체에서 요리 재료를 협찬 받아 자신만의 레시피를 포스팅하고 있지요.

뭉구님의 블로그가 이렇게 급성장한 이유는 한 가지 주제의 글을 꾸준히 쓴 이유도 있지만 글에 들어간 사진과 레시피 내용, 재료 손질과 재료에 대한 정보 등을 다양하게 포스팅했기 때문이에요. 핫토픽에 올라온 굴떡국의 경우, 1월 1일이라면 누구나 먹는 떡국을 많은 사람들이 검색하기 때문에 매우 시의 적절했습니다. 키워드 분석을 통해 가장 적절한 키워드를 제목과 본문에 넣어 노출이 되기 쉽게 만들어 줬어요. 연관 검색어인 굴떡국 레시피를 함께 넣어 둘 다 노출될 수 있게 '굴떡국 끓이는 법 레시피'라고 제목을 올렸습니다.

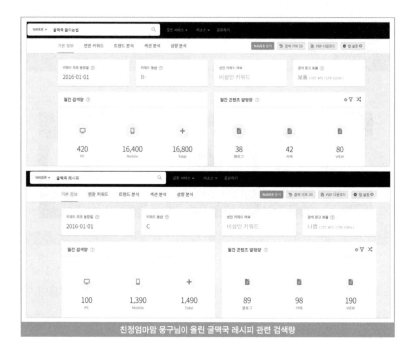

직접 굴떡국을 만드는 영상과 재료 손질, 잘 차려진 떡국 상의 이미지 등을 넣어 글을 풍성하게 만들어 주었어요. 굴을 보관하는 방법과 굴의 효능에 대해서도 언급해, 읽는 이에게 다양한 정보를 제공했어요. 냉동 굴로 국을 끓일 때 주의할 점은 빨간색 포인트를 주어 레시피를 보고 따라 하는 사람들이 유의하도록 세심하게 올려 줬어요. 이런 노력이 쌓여 블로그를 빠르게 성장시켰어요.

친정엄마맘 뭉구님의 요리 레시피 글

한식 외에도 양식 등 다양한 요리를 소개하는 친정엄마맘 뭉구님의 블로그는 앞에서 본 것과 같이 좋은 글을 꾸준히 포스팅하면 인플루언서가 되겠다는 목표를 조만간 이루지 않을까 생각됩니다.

3. 내 인생을 바꿔 준 블로그

이번에는 블로그를 배우며 블로그 마케팅을 통해 더 좋은 직장에 스카웃된 러브에이미님과, 리뷰 블로그를 통해 해외구매 대행을 진행하는 리뷰찌니님을 소개할게요.

러브에이미님은 교육회사 블로그를 운영하며 마케터 일을 하고 있었습니다. 처음으로 교육회사 블로그를 운영해 봤는데, 노출되지 않는 글 때문에 어려움을 토로했어요. 교육회사의 글에 사용되는 키워드는 대부분 경쟁률이 매우 높기 때문에 상위 노출이 쉽지 않습니다. 블로그 운영에 어려움을 겪던 러브에이미님은 저에게 도움을 청했어요.

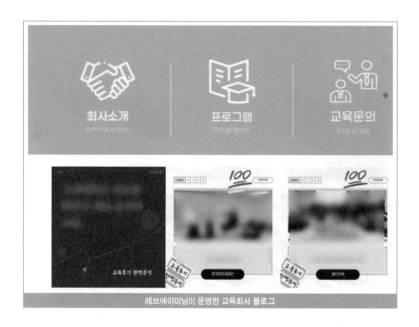

레브에이미님이 운영한 교육회사 블로그

저는 블로그를 둘러보며 카테고리 정비와 글 쓰는 방향을 바꿀 것을 코칭해 드렸어요. 교육회사의 경우, 같은 키워드를 계속 발행하는 경우가 많아 이 점을 개선하고 회사 소개글에 홈페이지를 연결시켜 글마다 소개글을 공유하는 형태로 변경하도록 했습니다. 또한 대부분 경쟁률이 심한 키워드로 글을 올려 상위에 노출되지 않는 것을 보고 좀 더 발행량이 적은 연관 키워드로 글쓰기를 권해 드렸어요. 상위 노출을 위한 키워드 분석과 글쓰기로 포스팅하며 연관 키워드를 넣자, 드디어 효과가 나타나기 시작했어요.

당시 핫 이슈였던 챗GPT를 키워드에 넣어 기업 교육과 연관된 글을 쓰자 그 글이 상위 노출되기 시작했습니다. 기존에 운영되던 교육 주제의 블로그이기 때문에 C-RANK가 높아 키워드만 잘 선택하면 노출이 어렵지 않았어요. 그렇게 쓴 글들이 노출되면서 삽입된 링크를 통해 홈페이지로 유입돼, 한 달에 두 번 오던 교육 문의가 일주일에 두세 번으로 늘면서 성과를 보여 줬습니다. 이렇게 자신감을 얻은 러브에이미님은 키워드를 확장해 가며 일주일에 두세 번씩 포스팅을 발행해 회사에 큰 도움이 되었습니다.

인기글

챗GPT가 **기업교육**에 미치는 영향을 **챗GPT**에게 물어봤습니다.
저희 에듀콤은 **기업교육**기업이라 **챗GPT**가 저희에게 어떤 영향을 미칠까 공부를 해보다가… ChapGPT에게 직접 물어보기로 했습니다! 질문: how ChatGPT will… 향상된 정보 액세스: ChatGPT는 직원들에게 교육 자료, 회…

· 2023.11.30.

공무원 **챗gpt**강사 김석현 [대전일자리경제진흥원] 교육
LLM의 특징들을 이해하면 다른 챗봇의 도움을 받을 수도 있고, 유료 버전인 **GPT**-4를 이용해 웹브라우징 기능을 활용하거나 플러그인 등을 활용할 수도 있죠. 이외에도 다양한… 민간**기업 교육**이나 공무원 교육에서 동일…

러브에이미님이 올린 챗GPT 관련 인기글

러브에이미님은 이 경력을 바탕으로 더 큰 회사로 이직해 블로그 마케팅으로 성과를 내고 있습니다. 블로그를 배우고 실천한 결과, 직장을 옮기고 커리어를 쌓게 된 것이지요.

두 번째로 소개할 사람은 상품 리뷰를 전문으로 쓰며 다양한 체험을 하다가 해외구매 대행을 하며 블로그에 노출시켜 연매출 1억 원을

달성한 리뷰찌니님이에요. 상품 리뷰가 블로그 주제이고, 이름이 '진' 으로 끝나서 별명을 '리뷰찌니'라고 지어 추천해 줬어요. 별명을 '리뷰 찌니'로 변경하고 리뷰 블로그로 세팅한 다음, 카테고리를 리뷰별로 나눠 글을 쓰기 시작했어요.

리뷰찌니님의 블로그

그러다 코스트코 보이로 전기요가 상위 노출되면서 일 방문자 수 가 1,000명을 넘으며 다양한 체험단에 당첨됐습니다. 이전부터 해외 구매 대행을 조금씩 해 오던 리뷰찌니님은 리뷰를 꾸준히 올려 블로 그 노출이 잘 되자, 해외구매 대행 제품의 소개와 리뷰를 블로그에 올 리며 블로그 방향을 전환했어요.

그 덕분에 블로그 글에 삽입된 스토어의 링크로 구매가 전환되어 블로그를 통해 전혀 다른 수익을 내고 있어요.

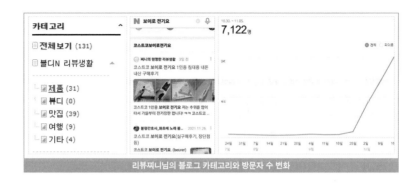

리뷰찌니님의 블로그 카테고리와 방문자 수 변화

　이 글을 읽는 독자 중에 스마트스토어나 자신의 상품을 판매하는 사람이 있나요? 그렇다면 리뷰찌니님처럼 상품 리뷰 블로그를 개설해 상품에 대해 좋은 리뷰를 꾸준히 쌓으세요. 자신이 팔고 있는 상품도 좋습니다. 리뷰 밑에 스토어 링크를 넣으면 블로그를 통한 체험단이나 애드포스트 수익 외에도 스토어 수익이 더 커지면서 일석이조를 경험할 수 있어요.

　그 외에도 저처럼 자신이 경험한 블로그 꿀팁을 매일 포스팅하며 블로그를 키우는 데 도움이 되는 글을 쌓고 이를 강의로 만드는 작업 중인 사람이 많습니다. 제가 걸어 온 길을 그대로 따라 걸으며 성장하는 그들을 보며 제가 특별해서가 아니라, 누구라도 할 수 있는 곳이 블로그임을 다시 한 번 알게 됐습니다. 지금 블로그를 시작해 어떻게 운영할지 고민이라면, 앞에서 소개한 블로거들을 벤치마킹해 제2의 조은쌤이 되어 보세요.

지금까지와는 다른 나를 만드는 곳, 블로그

보육교사로 지내 오던 시절, 저는 항상 뭔가 부족함을 느꼈고 아이들에게는 미안했습니다. 큰아이는 혼자 고생하는 엄마를 돕겠다며 특성화고등학교를 선택해 고3 때부터 취직해 집안 살림에 보탰고, 둘째아이 역시 고등학교에 진학하자마자 생활전선에 뛰어들었어요. 그런 아이들을 보며 저 스스로를 더 발전시키고자 퇴근 후에 학원에 다니고, 공부를 게을리 하지 않아 현재 일하는 연구원의 팀장 자리까지 오게 됐습니다.

힘들고 어려웠던 지난 삶을 보상받듯 지금의 남편을 만났습니다. 그를 위해 한 달에 100만 원만 더 벌어 보자는 마음으로 시작했던 블로그는 제게 자신감을 주었고, 원하는 건 참는 게 아니라 다 가질 수 있다고 생각을 전환하는 계기가 됐습니다.

'내가 했다면 다른 사람도 할 수 있지 않을까?' 하는 마음에 여전히 모든 게 서툰 초보였지만 왕초보에게 재능기부 강의를 시작했습니다. 그런데 강의를 통해 제 마음이 전달되어 사람들을 움직이게 만들었습니다. 제가 처음 블로그를 시작하면서 했던 것을 그대로 따라 한 사람들이 저와 같이 성장하며 기뻐하는 모습을 보니 마음이 벅찼습니다. 더 많은 사람에게 함께 블로그를 통해 원하는 것을 얻게 해 주고 싶었습니다.

그래서 '인생역전학교'라는 블로그와 인생 성장 커뮤니티를 만들어 매달 블로그 무료 강의와 블로그에 도움 되는 플랫폼 강의, 챌린지를 진행하고 있습니다. 이를 통해 함께 성장하고 인생을 바꿔 나가는 커뮤니티가 되도록 노력하고 있어요. 처음에 블로그 무료 강의를 들으러 왔던 사람들이, 매달 블로그 매일 포스팅하기 챌린지나 매일 책 읽고 인증하기 챌린지에 참여했습니다. 한 달 동안 블로그 챌린지와 독서 챌린지를 완주하며 스스로 변해 가는 모습에 만족해하고 고마운 마음을 메시지로 남겨 줍니다. 그런 메시지를 읽으며 저는 오늘도 블로그하길 진심으로 잘했다는 생각을 합니다. 단순히 돈을 벌기 위해 시작했던 블로그지만 사람들에게 같이 성장하자고 권하면서 선한 영향을 주게 됐고, 이제는 다 함께 성장하며 응원하는 커뮤니티도 만들게 됐으니 말입니다.

혼자 하면 외롭고 힘들지만, 함께 소통하고 응원하며 블로그를 한다면 블로그 지수에 도움이 되는 것은 물론, 서로 선한 영향을 끼치는 사이가 될 수 있습니다. 서로의 장점을 알아봐 주고 사업에 도움이 되는 관계가 되기도 합니다.

지나 온 길을 일기장에 적어 두면 나만의 일기가 될 뿐입니다. 그러나 블로그에 당신의 경험을 남기기 시작하면 그 글들은 기록이 되고, 당신의 성장 과정은 브랜딩이 되기도 합니다. 블로그 성장 과정이 블로그에 그대로 남아 있는 저는 다른 사람들에게 억지로 보여 주려 하지 않아도 궁금해하는 사람들이 검색을 통해 알 수 있기에 별다른 노력 없이 저 자신을 홍보합니다.

게다가 이런 기록들을 통해 다양한 협업이 들어오는 경험을 하면서 블로그만큼 수익화하기 좋은 곳은 없다는 생각이 듭니다. 그냥 제가 아는 것, 해 온 것, 공부한 것을 블로그에 정리만 잘해도 책이 되고 브랜딩이 되어 문의가 들어옵니다.

그동안 이런 블로그를 통해 단순한 수익화의 길을 걸어 왔던 저는 새로운 꿈을 키웁니다. 이 책을 통해 많은 사람이 '나도 블로그 한번 시작해 볼까?', '나도 블로그로 작은 수익이라도 만들어 볼까?' 하는 생각을 가질 수 있기를 바랍니다. 블로그와 SNS를 연계해 나를 알리며, 지금까지 걸어 온 길을 더 크게 확장시키고 또 다른 비즈니스의 세계로 가는 문이 열리기도 합니다. 그 길에 제가 미약하나마 디딤돌이 되기를 바랍니다.

망설임은 당신의 새로운 삶을 늦출 뿐입니다. 지금 당장 시작하세요. 네이버에 접속해 블로그를 개설하세요. 그리고 지금 오늘 이 책을 읽고 느낀 점을, 혹은 오늘 있었던 일을 글로 적어 보세요. 그리고 멈추지 마세요. 매일 꾸준히 주제를 잡고 글로 남겨 보세요. 그 글은 당신보다 조금 더 늦게 시작한 누군가에게 도움이 되고, 그 글들이 모여 당신을 알리는 기반이 될 겁니다. 그 글들이 당신을 전혀 다른 어딘가로 데려다 줄 수 있습니다. 저처럼요.

블로그 시작하길 정말 잘했다

이 책을 쓰는 내내 저는 마음이 불편했습니다. 과연 블로그를 시작한 지 2년밖에 되지 않은 저 같은 초보 블로거가 이런 책을 써도 되는지 부끄럽게 느껴졌기 때문이에요. 일 방문자 수가 만 명이 훌쩍 넘고 월 1,000만 원을 우습게 버는 블로거들도 많고, 십 수년 동안 블로그를 키워 오며 다양한 경험을 쌓아 블로그에 대해 모르는 게 없는 베테랑 또한 많은데 말이지요. 그러다 이런 생각이 들었어요. '그런 베테랑들은 나처럼 절실한 마음으로 처음 블로그 제목을 정하느라 밤새는 왕초보들의 마음을 기억하기 힘들지 않을까?' 하고요.

그래서 다시 힘을 내 키보드를 두드리기 시작했습니다. 저처럼 단돈 100만 원, 아니 단돈 10만 원이 절실해 지푸라기라도 잡고 싶은 심정으로 블로그를 개설하고 첫 글을 몇 시간씩 고민하며 쓰는 왕초보들을 위해 제가 아는 모든 것을 알려 줘야겠다는 마음이었습니다.

지금 이 글을 읽는 독자 중에는 '나도 저렇게 블로그를 해 봐야지' 하는 마음이 생겼거나, '내가 할 수 있을까?' 하는 의문이 생기는 사람이 있을 거예요. 저는 당신이 전자이길 간절히 빕니다. 저 또한 '이게 될까?' 하는 마음에 시작했지만 '포기하지 말아야지'라는 마음을 키우며 이 자리까지 왔습니다.

평범한 워킹맘이었던 제가 그저 블로그를 시작했을 뿐인데 많은 업체에서 러브콜을 받으며 블로그 운영을 도와 드리고, 강의하며 다양한 협찬을 받았습니다. 저에게 무료 강의를 들은 사람들의 감사 인사를 받으며 컨설팅 의뢰를 받기도 했습니다. 이제는 더 많은 사람에게 조금이나마 도움을 드리려 책을 쓰게 됐습니다. 그저 블로그에 글을 쓰기 시작했을 뿐인데 너무나 많은 것이 달라져 있네요.

10년 전 제 인생을 바꿔 준 론다 번이 《시크릿》에서 말했듯 '당신의 목적은 당신이 정하는 것'입니다. 여러분이 블로그를 통해 1,000만 원을 벌겠다고 목적을 정하고 그대로 행한다면 그것은 이루어질 거예요. 그 절실함이 이 책을 만나게 했고, 책상에 앉아 블로그에 글을 쓰게 만들 것이니까요. 첫 글을 쓰고 이웃을 만들고, 방문자 수가 늘면서 당신은 깨달을 겁니다. 블로그하길 잘했다고요.

블로그를 통해 당신은 당신을 기록하고 정리하며 자신을 돌아보게 되고, 쓰기의 힘이 길러지며 자신의 목소리를 내게 될 거예요. 당신이 남긴 후기 하나에 도움 받은 이들이 감사의 댓글과 '좋아요'를 남기면 당신은 보람을 느끼지요. 그런 일들이 쌓이면서 다양한 협찬과 원고대행 등으로 수익이 생길 겁니다. 당신이 쓴 글들을 모아 책을 발간하게 되고 브랜딩이 돼 수익화하는 길에 들어서게 될 겁니다. 그리고 다시 한번 말할 거예요.

"블로그하길 정말 잘했다."

왕초보가 가장
궁금해하는 질문

'이웃'은 좋은 정보나 관심 있는 글을 자주 포스팅하는 블로그의 새 글을 계속 볼 수 있도록 즐겨찾기 해 놓은 것과 같습니다. 인스타그램의 팔로우와 같은 의미지요. '서로이웃'은 인스타그램의 '맞팔'과 같아요. 상대방이 서로이웃을 신청할 경우, 수락하면 서로 맞팔이 돼 서로의 새 글을 확인할 수 있고, 서로이웃 공개 글을 볼 수 있어요. 서로이웃은 5,000명까지 가능하기 때문에 인플루언서나 인기 많은 블로그들은 이미 서로이웃 숫자가 5,000이 넘어 서로이웃 추가가 불가능하고 이웃 추가만 가능합니다. 서로이웃이 아닌 이웃 추가를 신청한 블로그의 경우, 상대방이 같이 이웃 추가를 하더라도 서로이웃이 되지는 않습니다. 서로 새 글을 볼 수는 있지만 서로이웃 공개 글은 볼 수 없으므로 이웃을 추가해 온 블로거와 서로이웃이 되고 싶다면 다시 서로이웃 추가를 신청해야 해요.

서로이웃은 앞에서도 언급했지만 소통과 블로그 성장을 위해 중요하므로 '관리' 페이지의 '이웃관리'에서 '내가 추가한 이웃'과 '나를 추가한 이웃'으로 나누어 관리가 가능합니다. 내가 추가한 이웃 중 서로이웃이 아니거나, 스팸 글을 올리는 블로거의 경우 서로이웃 혹은 이웃을 차단하면 됩니다.

내가 추가한 이웃과 나를 추가한 이웃 목록

이전에 써 둔 글의 제목과 키워드,
해시태그는 수정하면 안 되나요?

블로그 강의를 듣고 자신이 지금까지 쓴 글의 제목과 해시태그가 노출에 좋지 않다는 것을 알고, 이전에 써 둔 글을 모두 수정해도 되냐고 묻는 분들이 종종 있습니다. 결론은 되도록 수정은 하지 말라는 것입니다. 내 글이 큰따옴표 안에 제목을 넣고 검색해도 노출되지 않는 저품질 글일 때, 잘못된 점을 수정하면 오히려 노출에 도움이 되고 블로그 지수에도 도움이 됩니다.

그러나 이미 발행한 지 시간이 오래 지난 글은 제목과 해시태그를 수정해도 최신글이 되지 않기 때문에 상위로 노출될 확률은 거의 없습니다. 저의 경우, 발행한 지 2시간 정도 지나 7위에 노출된 글을 제목과 키워드를 살짝 고치고 내용을 더 넣었는데도 오히려 9위로 순위가 밀려나는 것을 보았습니다. 또, 몇 달 전 발행한 글의 제목과 키워드를 조금 수정했더니 오히려 노출에서 사라지는 경험을 한 적이 있어요. 수정이 무조건 나쁜 건 아니지만, 이미 노출돼 반영된 글은 제목과 해시태그를 수정한다고 상위로 노출되지 않으니 수정하지 않는 편이 좋습니다.

금칙어는 쓰면 안 되나요?

블로그가 싫어하는 글에 대해 설명할 때 나왔던 '금칙어'라는 단어는 블로그 공부를 할 때 알게 되는 용어입니다. 네이버에서 검색하면 정말 다양한 의미의 금칙어를 예로 들고, 쓰면 안 되는 이유를 자세히 적어 놓았어요. 금칙어 검사기까지 나와 블로거들이 많이 사용합니다. 그러면 그런 단어들이 모두 정말 금칙어일까요?

금칙어에 관련된 글을 살펴보면 "꼭 해야 해요"라는 단어를 쓰면 "야해요"라고 인식돼 노출이 안 된다거나, "노력하고자 합니다"라는 단어를 쓰면 "고자"라고 인식돼 금칙어로 분류됩니다. 그러나 네이버가 공식적으로 2017년 4월 26일에 '어떤 경우에 블로그 검색 결과에서 노출이 제한되나요?'라는 글로 설명한, 노출이 되지 않는 금지어는 다음과 같아요.

1. 불법적인 내용 / 혐오감을 유발하는 내용을 포함한 경우

법률을 통해 금지하고 있는 불법적인 정보(개인정보/생명/성/금전 관련 범죄, 마약/대포폰/이미테이션 물품 등의 불법제품 판매, 절도/사기/해킹 등의 행위를 할 수 있는 정보를 제공하는 경우, 현금게임/경마 게임 등의 불법 사이트 홍보 등)와, 다수의 이용자에게 혐오감을 줄 수 있는 내용이 포함된 글은 검색결과 노출이 제한됩니다.

2. 성인/음란성 내용을 포함한 경우

성인/음란성 내용이 포함된 글은 검색결과 노출이 제한됩니다.

3. 스팸성 콘텐츠를 포함한 경우

제목과 본문에 특정 단어를 삽입하여 검색 이용자의 방문을 유도하여
검색이용자가 의도하지 않았던 정보를 열람하게 하는 것과,
명시하지 않은 이미지나 텍스트 링크를 이용해 다른 사이트로 유도하는 글,
본문 내에 숨겨진 키워드를 삽입한 글은 검색결과 노출이 제한됩니다.

4. 검색결과 품질 저하를 목적으로 생산된 글이나 블로그인 경우

검색결과 품질 저하를 목적으로 기계적으로 대량의 글을 생산한 경우 검색결과 노출이 제한됩니다.

5. 개인정보를 포함한 경우

주민등록번호, 휴대전화 번호, 이름, 주소 등 특정 개인을 인식할 수 있는 정보를 포함한 경우 검색결과에서 노출이 제한됩니다.

글을 작성하실 때 위 사항을 유의하여 주시고요.
혹시라도, 작성한 글이 검색결과에 나오지 않을 경우 위 기준에 해당하는 것은 없는지 확인해 보시기 바랍니다.

블로그 검색 결과에서 노출이 제한되는 금칙의 조건어 (출처 : 네이버 공식 블로그)

즉, AI를 기반으로 노출시켜 주는 시스템이 '해야해요'와 같은 문장 속 단어를 금칙어로 판단하기 때문에, 네이버 블로그에서 공식적으로 금지하는 내용이 포스팅에 들어가지 않도록 조심해야 합니다.

모바일 앱에서 사진 크기를 설정하는 방법은 없나요?

블로그 앱에서 글쓰기를 통해 사진을 업로드하면 사진 크기를 설정할 수 있습니다. 블로그 앱 오른쪽 상단의 선 3개를 클릭한 다음 '환경설정'을 클릭해 주세요. 환경설정에서는 주제 및 알림 허용 등을 설정할 수 있는데, 이 화면에서 '글쓰기 기본값 설정'을 클릭해 주면 됩니다.

'글쓰기 기본값 설정'에서는 공개 설정이나 댓글 허용 등 글쓰기의 전반적인 기능을 설정할 수 있어요. 이곳에서 '첨부이미지 크기'를 원하는 대로 설정할 수 있어요. 휴대폰으로 볼 때는 휴대폰 화면에 맞게 설정돼 보이지만, 크기를 설정하지 않으면 PC 화면에서 사진이 너무 커 가독성이 떨어질 수 있으므로 가로 크기를 480으로 설정하는 것이 적당합니다.

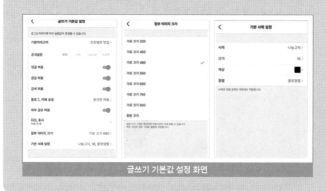

글쓰기 기본값 설정 화면

글자 크기와 정렬은 어떤 게 좋을까요?

위에서 설명한 환경설정에서 서체와 크기, 정렬 등을 설정할 수 있어요. 크기가 너무 작으면 방문자가 읽기에 불편하고, 너무 크면 가독성이 떨어질 수 있으므로 대체로 16 정도의 크기에 행간은 180~200% 정도가 좋습니다.

　맛집이나 리뷰 글은 스티커를 이용해 밝고 경쾌한 분위기를 주고, 가독성을 높이기 위해 가운데 정렬로 한 행의 길이를 짧게 끊어서 쓰는 것이 좋습니다. 그러나 정보성 글의 경우, 글이 행마다 짧게 끊어지면 오히려 가독성과 전문성이 떨어져 보이므로 좌측 정렬로 설정하는 것이 좋습니다. 글을 쓸 때도 행을 끊지 말고 일반적인 글을 쓰듯 문단별로 끊어 주는 것이 좋습니다.

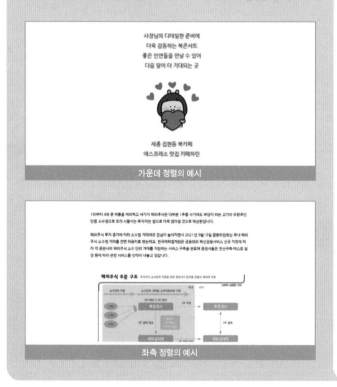

가운데 정렬의 예시

좌측 정렬의 예시

블로그 시수란 네이버에서 공식적으로 인정하는 수치는 아니에요. 다만 네이버가 공식적으로 이야기한 C-RANK에 얼마나 적합한지를 수치로 만들어 다양한 사이트에서 분석해 놓은 것이랍니다.

분석 사이트마다 저품질에서 일반, 준최, 최적의 단계가 모두 달라 온전히 신뢰할 수는 없지만, 내 블로그의 현재 상태를 어느 정도 알 수 있게 해 주는 지표이므로 무료 사이트에서 참고용으로 검색해 보는 것이 좋습니다.

블로거들이 주로 사용하는 블로그 지수 확인 사이트는 블덱스예요(blogdex.space). 유료로 사용할 경우, 다양한 키워드 분석도 가능하니 활용하면 블로그 운영에 도움이 됩니다.

블로그 지수 확인 사이트인 블덱스

무료 이미지 사용이 유사 이미지가
될 확률은 없나요?

글감을 이용해 무료 이미지를 글에 삽입하거나 픽사
베이(pixabay.com/ko/)에서 무료 이미지를 캡처해 사
용할 경우, 저작권에는 문제가 없으나 이미 다른 사람
이 사용한 이미지일 경우 유사 이미지로 보일 수 있습
니다. 그러므로 글감 속의 글도 창의적인 단어로 검색
하거나 이미지를 앞에서 설명한 미리캔버스 등을 이용
해 변경하면 위험성이 줄어듭니다.

블로그 글이 누락된 것 같아요.
어떻게 해결하면 되나요?

블로그 지수도 저품질이 아니고 내가 찍은 사진으로
정성스럽게 쓴 글인데, 간혹 누락되는 경우가 있어요.
한 가지 단어를 너무 많이 반복하거나, 발행 시 공개 설
정을 비공개로 해 놓은 경우가 아니라면 네이버 고객
센터에 검색 반영을 요청하면 돼요. 수강생 중에도 간
혹 이런 일이 발생해 검색 반영 요청을 통해 해결하기
도 했습니다. 검색 반영 요청은 어렵지 않아요.

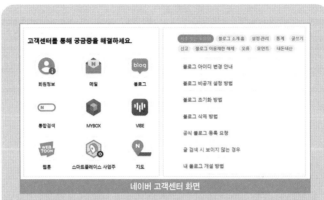

네이버 고객센터 화면

네이버 고객센터(help.naver.com/)로 들어가 '블로그' 메뉴를 선택한 다음, '자주 찾는 도움말'에 '글 검색 시 보이지 않는 경우'를 클릭하세요. 아래와 같이 다양한 이유를 알려 주어 자신이 어떤 경우에 해당하는지를 점검할 수 있어요.

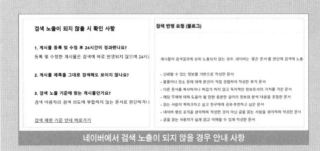

네이버에서 검색 노출이 되지 않을 경우 안내 사항

검색 반영 요청(블로그)을 검색해 주고 '검색 반영 요청 바로가기'를 클릭하면 아래와 같은 화면이 나오는데요. 자신의 이메일과 검색이 되지 않는 게시물의 URL

을 입력해 제출하면 검색 반영 결과에 대해 메일이 오니 참고하세요.

요청주신 내용의 반영 여부 및 시기는 보장해 드릴 수 없으며, 개별적으로 답변드리지 않습니다.

※ 네이버 고객센터는 산업안전보건법을 준수하여 고객응대근로자를 보호하고 있습니다.
상회롭, 폭언 등의 욕언을 하지 말아주세요. 욕언 시 상담이 제한되고 법령에 따라 조치될 수 있습니다.

아이디 (선택)	로그인하기
이메일 (필수)	
게시물URL (필수)	
게시물URL (선택)	
게시물URL (선택)	
개인정보 수집 동의 (필수)	- 수집하는 개인정보 항목: 이메일 주소

개인정보는 문의 접수, 고객 불편 사항 확인 및 처리 결과 회신에 이용되며 전자상거래법 등 관련 법령에 따라 **3년간 보관됩니다.**
이용자는 본 동의를 거부할 수 있으나, 미동의 시 문의 접수가 불가능합니다.

☐ 동의합니다.

검색 반영 요청 작성 양식

PC에서 블로그 글이 여러 개씩 보여요.
한 개씩만 보이게 할 수 있나요?

PC에서 내 블로그 글을 확인하면 대부분의 블로그가 글이 3개 이상 한 번에 보이도록 설정돼 있습니다. 이것이 페이지 수 설정인데요. PC를 이용해 글을 아래로 스크롤하면 한 개의 글이 끝나도 화면이 끝나지 않고, 여러 개의 글이 아래에 같이 연결돼 보여 조회 수에도 좋지 않습니다. 애드포스트의 경우, 내가 클릭한 키워드에 따라 광고가 달라지기 때문에 여러 개의 글이 한 페이지에 보이는 것은 좋지 않습니다. 그래서 페이

지 수를 설정할 수 있는데요.

블로그 '카테고리 관리·설정'을 클릭하면 위쪽에 '페이지당 글'이 보일 거예요. 이것을 1개로 설정해야 페이지당 글이 1개만 보입니다. 10개로 설정하면 10개의 포스팅이 한 페이지에 모두 보여 계속 스크롤하며 읽어야 해 방문자가 불편할 수 있습니다. 또한 블로그 주인에게는 조회 수 등에 좋지 않으니 1개로 설정해 주세요.

한 페이지당 글의 개수를 설정하는 화면

블로그에 방문한 사람이 나에게 직접 메시지를 보낼 수 있는 방법은 없나요?

네이버에는 네이버 톡톡을 블로그에 연결해 블로그 주인과 직접 메시지를 주고받으며 소통하는 기능이 있어요. 업체 블로그나 강사 등의 글을 보고 유입되는 방문자를 판매나 상담으로 연결시키기 위해 꼭 필요한 기능이지요.

네이버 톡톡과 블로그를 연결하는 방법은 간단합니다. '블로그 관리' 페이지의 '블로그 정보' 하단으로 가면 '네이버 톡톡 연결'이 보입니다.

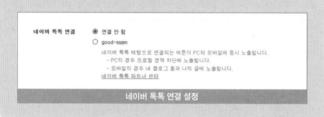
네이버 톡톡 연결 설정

이미 만들어 둔 톡톡이 있다면 연결만 클릭하면 돼요. 다른 계정을 연결하고 싶다면 새로운 계정을 추가할 수 있고, 휴대폰 인증을 통해 휴대폰과 바로 연결시켜 메시지를 받을 수 있습니다.

네이버 톡톡의 계정 추가 기능

사업자 정보를 입력해 업체 블로그로 이용할 경우, 즉각적인 응대로 유입된 고객을 놓치지 않고 상담을 진행할 수 있게 해 주므로 꼭 필요한 기능입니다.

퇴근 후 10분
블로그로 월급만큼 벌기

초판 1쇄 발행 · 2024년 2월 29일

지은이 · 전인옥
펴낸이 · 김동하
펴낸곳 · 책들의정원

출판신고 · 2015년 1월 14일 제2016-000120호
주소 · (10881) 경기도 파주시 산남로 5-86
문의 · (070) 7853-8600
팩스 · (02) 6020-8601
이메일 · books-garden1@naver.com

ISBN 979-11-6416-202-4 (03320)